Wolfgang Walker
»Hoch sollen sie leben …«

Wolfgang Walker

»Hoch sollen sie leben …«

Reden, Sketche, Gedichte
und anderes für besondere Anlässe

THEISS

Mit freundlicher Unterstützung

Da sind wir daheim.

Die Deutsche Bibliothek-CIP Einheitsaufnahme

Ein Titeldatensatz für diese Publikation ist bei
Der Deutschen Bibliothek erhältlich.

Umschlaggestaltung: Atelier Reichert, Stuttgart
unter Verwendung eines Fotos
des Archivs für Kunst und Geschichte, Berlin.
(Titelbild: »Des Hauses Sonnenschein«,
Gouache, 1902, von Hans Gabriel Jentzsch)

Lektorat: Christiane Wagner, Stuttgart
Druck und Bindung: Ebner & Spiegel, Ulm

2., durchgesehene Auflage 2002
© 2001 Konrad Theiss Verlag GmbH, Stuttgart
Alle Rechte vorbehalten
Printed in Germany
ISBN 3-8062-1609-6

Inhalt

Vorwort
7

Du wirst das Leben weiter lieben
9

Heut müsst' der Himmel voller Sterne sein
31

A Päckle aus Amerika
57

Was ewig weiblich
67

Z'donkel net ond au net z'hell
77

Doch sieht es hier so anders aus
89

Aus Haus und Hütten strahlt es hell
97

Kennst du die Schwaben –
Texte und Lieder zum Mitmachen
107

Ich eröffne die Verhandlung – Sketche
119

Kapitelübersicht
153

Verzeichnis der Gedicht- und Textanfänge
156

Quellen
158

Vorwort

Man soll die Feste feiern, wie sie fallen – heißt es. Doch was tun, wenn man eingeladen ist und kein passender, origineller Festbeitrag einfallen will?

Nun, man wendet sich kurzerhand an Wolfgang Walkers Hörerkontaktsendung in SWR 4 und gibt eine größere Bestellung auf. Da wird dann ohne falsche Bescheidenheit etwas Passendes zum runden Geburtstag in der Verwandtschaft, zur silbernen Hochzeit in der Bekanntschaft und Weiteres für die bunten Nachmittage und Abende im Seniorenkreis oder im Verein geordert. Meist fehlt auch der süffisante Hinweis auf unsere große Auswahl nicht, bei der es doch nicht schwer fallen könne, schnell fündig zu werden.

Nun hat sich in der über 20-jährigen Geschichte der Sendung unbestritten eine stattliche Zahl an Liedern, Gedichten, Vorträgen und Sketchen zu besonderen Anlässen angesammelt. Zwei Aktenordner pro Jahr wurden da problemlos gefüllt, macht nach Adam Riese inzwischen an die fünfzig davon. Und die nach jeder Anfrage mal kurz durchzublättern und Gewünschtes auszusuchen, kann doch gar nicht so schwer sein... Meinen zumindest die Anfragenden. Die Suchenden sind da allerdings ganz anderer Ansicht. Der immense Zeitaufwand in jedem Einzelfall steht in keinem vernünftigen Verhältnis zu den wenigen schmucklosen Kopien, die dann letztendlich verschickt werden.

Wir haben daher überlegt, wie wir die vielen Wünsche einfacher und ansprechender erfüllen können, und sind auf die Idee zu einem Buch gekommen. Der Konrad Theiss Verlag in Stuttgart, der ja schon drei Gedichtsammlungen aus der Sendung UAwg – so hieß die Hörerkontaktsendung früher – herausgegeben hat, war wieder unser bewährter Ansprechpartner und sofort von dem Projekt begeistert. So haben wir aus unserem großen Vorrat eine Auswahl der beliebtesten Gedichte und Texte für festliche Gelegenheiten zusammengestellt, übersichtlich gegliedert, so dass jeder auf den ersten Blick das Richtige findet, um damit Jubilarinnen und Jubilare, Geburtstagskinder oder Brautpaare hochleben zu lassen.

Darunter sind Gedichte und Texte zu allen wichtigen runden Geburtstagen, zu denkwürdigen Hochzeitstagen, zur Ehe allgemein, von ihren rosigen Anfängen bis zum grauen Ehealltag nach vielen Jahren, zu wichtigen Lebensabschnitten wie dem Alter, aber darüber hinaus auch Vorträge beziehungsweise Sketche zum Nachspielen zu ganz unterschiedlichen Themen. Dazu gehören die Präsentation von typischen Geburtstagsgeschenken aus aller Welt ebenso wie ein Treffen zweier alter Damen, die völlig aneinander vorbeireden, weil beide ihre Schwerhörigkeit verschweigen, oder die Szene im Krankenhaus, in der die Nachtschwester ihren Patienten hartnäckig in der Wir-Form anspricht und prompt von ihm beim Wort genommen wird.

Sogar Kulinarisches ist vertreten, zum Beispiel mit einem Bibelkuchen, dessen Rezept und Zubereitung ausschließlich aus Bibelzitaten bestehen, oder mit dem Russischen Salat, einem musikalischen Vortrag von Karl Valentin, der in allen geselligen Runden bestens ankommen dürfte.

Ich hoffe, dass Ihnen mit diesem Buch zu allen Festen, die da fallen, immer das Richtige einfällt, dass nicht ein anderer denselben Festvortrag ausgesucht hat, und wünsche Ihnen viel Vergnügen beim Lesen, Einstudieren und Vortragen.

STUTTGART, IM JUNI 2001
WOLFGANG WALKER

Du wirst das Leben weiter lieben

Das kleine »Zig«

Das kleine »Zig« ist recht fatal,
Mit zwanzig kommt's zum ersten Mal:
Da findest du das »Zig« noch fein
Und möchtest gerne älter sein.

Mit dreißig machst du dir nichts draus,
Jetzt kennst du dich damit schon aus.
Du schuftest täglich wie verrückt,
Bis es zum nächsten Male »Zigt«.

Mit vierzig, da besinnst du dich,
Allmählich geht's dir gegen den Strich.
Für manches nimmst du dir mehr Zeit,
Das tut dir gut und macht dir Freud.

Mit fünfzig setzt wie Donnerhall
Dir dann das kleine »Zig« Signal.
Du fragst dich nun, man kann's versteh'n,
Geht's abwärts bald? Man wird's ja seh'n.

Bist du noch fit, und du hast Glück,
Dann macht es plötzlich wieder »Zig«.
Du überlegst und bist perplex,
Denn diesmal steht davor die Sechs!

Du wirst das Leben weiter lieben,
steht auch vor deinem »Zig« die Sieben.
Kaum hast du drüber nachgedacht,
Steht's kleine »Zig« schon nach der Acht!

Bleibst du gesund, so würd's uns freu'n,
Da kommt zum »Zig« bestimmt die Neun,
Sind's hundert Jahr, das wär famos,
Dann bist das »Zig« du wieder los!

Zum Geburtstag

Wie ein Ruf aus Donnerhall
schallt es um den Erdenball
Unser(e) feiert heut
den ten Geburtstag, welch eine Freud.

Die ganze Welt hat nachgedacht,
wie man dir eine Freude macht.
Australien und auch Afrika,
Nord- und Südamerika,
Europa, Asien und so weiter,
alle spenden froh und heiter.

Das erste schöne Festpräsent
kommt vom schwarzen Kontinent.
Sie schicken dir mit liebem Gruß
diesen süßen Negerkuss.

Die Schweiz beschloss durch Volksabstimmung,
das Geburtstagskind braucht Kräftigung.
Sie bringt dir heute die obligate
feine Schweizer Schokolade.

Italien, das lebt meist vom Pumpen,
ließ sich diesmal auch nicht lumpen
und schickt dir frei und franko
diese Flasche Vino bianco.

Papst Johannes Paul vom Vatikan
sitzt grübelnd vor dem Lateran
und spendet dir, der Gnade wegen,
geweihtes Wasser und Gottes Segen.

Auch Frankreich hat dich nicht vergessen,
hier liebt man ja das gute Essen.
Mit dem Klang der Marseillaise
überreichen wir dir diesen Käse.

Walensa aus dem Polenland,
der meldet sich als Gratulant
und schickt dir zur heutigen Feier
ein paar frische Hühnereier.

Aus Spanien grüßt die Hautevolee
dich, lieber Karl, mit viel Olé.
Zum Zeichen ihrer Sympathie
ein Glas Oliven schicken sie.

St. Peter-Ording fern im Norden
ist auf dich aufmerksam geworden
und bittet dich zu Tisch
mit einer Dose Fisch …

Auch Ungarn wollte etwas geben
und lässt dich heute hochleben.
Herzlich bringen sie dir dar
Salamiwurst und Paprika.

Auch Österreich, unser Nachbarstaat,
hat ein Präsent für dich parat.
Rat mal, was ich für dich schnorrte:
Mozartkugeln, von der feinsten Sorte.

Ägypten wollte auch nicht ruh'n
und irgendetwas für dich tun.
Drauf brachten sie zum Postversand
eine schöne Mango wundersam.

Beim Königshaus in Niederland'
bist du auch bereits bekannt.
Wenn er auch noch wachsen muss,
für dich ist dieser Blumengruß.

Die Türkei im Nahen Osten
ließ sich diesen Tag was kosten.
Sie schickt, du darfst es nicht verübeln,
ein paar gesunde Zwiebeln.

Indien ist ein armes Land,
trotzdem zeigt es sich kulant.
Es gibt, was es hat en masse:
eine frische Ananas.

Ich habe mich auch an Berlin gewandt,
an unser einig Vaterland.
Der Kanzler schreibt ganz exklusiv,
hör bitte her, dir diesen Brief.

Ganz zum Schluss komm ich, der Schwabe,
mit einer ganz besonderen Gabe.
Auch ich hab lange nachgedacht,
womit man dir 'ne Freude macht.

Es sollte auch noch obendrein,
was ganz besonders Seltenes sein.
Was selbst der Papst nicht kann erlangen,
was Blüm durfte nicht empfangen,

Willy Brandt würd' heut noch warten drauf,
der Gorbi sucht's im Dauerlauf,
die Queen Elizabeth es nie bekam,
Steffi Graf es nie entgegennahm,

was Boris Becker bis heute vermisst,
Erwin Teufel nicht gegeben ist,
was der Schah nicht mehr erlebte,
wonach Thomas Gottschalk ewig strebte,

das bekommst, wie sollt' es anders sein,
du, liebe(r) Karlo, ganz allein.
Du Glücklicher in unserem Land,
du sollst sie haben:

Meine Hand!

Gestatte, dass an diesem Tage

Gestatte, dass an diesem Tage
auch ich hier ein paar Worte sage.
So eine Feier ist es wert,
dass man dich hier gebührend ehrt.

Zuerst nun schmücke ich voll Lust
mit dieser Kette deine Brust.
Sie ist zwar nicht aus Edelstein,
auch nicht aus Gold und Elfenbein,
vielmehr hab ich so mit der Zeit
die vielen Münzen aufgereiht.

Und jedes dieser Exemplare
steht hier für eines deiner Jahre.
Doch du erkennst wohl sicher leicht,
dass keine einer andern gleicht.
Da gibt es nämlich manches Stück,
das glänzt und strahlt vor lauter Glück.
Und diese stehn dann für ein Jahr,
in dem man richtig glücklich war.

Daneben aber ist da doch
so manche dunkle Münze noch.
Und diese zeugt dann von den Jahren,
die sicher nicht die besten waren.
Es hat ja wohl in jedem Leben
stets Licht und Schatten mal gegeben.

Und höre aber ganz privat
von mir den wohlgemeinten Rat:
Zieh dich mit diesem guten Stück
ins stille Kämmerlein zurück
und mach für dich alleine nur
einmal Bilanz und Inventur,
per saldo wird sich dann ergeben:
Es war doch ein erfülltes Leben!

Und nun zum Schluss sag ich es offen,
lass uns doch für die Zukunft hoffen,
dass ich mit vielen Münzen dann
die Kette noch verlängern kann.
Bei diesen Münzen hätt ich gerne,
dass hell sie leuchten wie die Sterne.
Das wünschen dir zum heut'gen Feste
    deine Gäste

Anleitung:
Zwischen zwei Klebebänder werden Pfennige,
so viele wie Lebensjahre, geklebt und zu einer Kette geschlossen.

Mensch, du wirst alt!

»Ihr Name – wie war gleich der Name?«
Tausend Erinnerungen kamen
hervor aus der Vergangenheit,
sie lagen alle griffbereit;
du hast sie einzeln aufgezählt,
der Name nur, der Name fehlt!
Da ruft es aus dem Hinterhalt:
»Mensch, du wirst alt!«

Von vier Dingen drei sind richtig,
das vierte nur ist wirklich wichtig.
Damit es im Hirne nicht verdämmert,
hast du dir's gründlich eingehämmert.
Drei fall'n dir ein – oh welche Qual –,
das vierte fehlt. Das ist fatal.
Da ruft es aus dem Hinterhalt:
»Mensch, du wirst alt!«

Vom zweiten Stock steigst du hinunter,
trittst auf die Straße, frisch und munter.
Doch plötzlich fragst du dich verdrossen:
»Hab ich auch wirklich abgeschlossen?«
Du könntest schwören viele Eide,
steigst dennoch rauf, dir selbst zum Leide.
Da ruft es aus dem Hinterhalt:
»Mensch, du wirst alt!«

Am Sonntag kommt in uns're Stadt
ein Startenor, der's in sich hat.
Du willst ihn hören unbedingt,
kaufst eine Karte dir beschwingt
und wirst dann montags fluchend lesen,
wie toll 's Konzert gestern gewesen.
Da ruft es aus dem Hinterhalt:
»Mensch, du wirst alt!«

Brauchst du mal etwas aus dem Schrank,
der gut gefüllt ist – Gott sei Dank –,
kaum hast geöffnet du die Tür –,
da fragst du dich: »Was wollt' ich hier?«
Verstört bist du, dass in Sekunden,
das, was du vorhast, ist entschwunden.
Da ruft es aus dem Hinterhalt:
»Mensch, du wirst alt!«

Benutzt du mal dein Bügeleisen,
anschließend gehst du gleich auf Reisen.
Drei Wochen bangst du – ungelogen –:
»Hab ich den Stecker rausgezogen?
Sitzt der noch etwa in der Wand?
Bin ich inzwischen abgebrannt?«
Da ruft es aus dem Hinterhalt:
»Mensch, du wirst alt!«

Und kommst du dann woandershin,
bewegst du gleich in deinem Sinn,
dein Sparbuch bestens zu verstecken,
damit kein Dieb es kann entdecken.
Brauchst du dann Geld, hast du indessen

den heimlichen Platz total vergessen.
»Ei Gott«, stöhnst du, ganz starr vor Schreck,
»was soll ich tun? Mein Geld ist weg!«
Da ruft es aus dem Hinterhalt:
»Mensch, du wirst alt!«

Musst mit dem Hund mal Gassi geh'n
und bleibst an seinem Stamm-Baum steh'n.
Du drehst dich um, siehst voller Schreck –
die Leine ist leer, der Hund ist weg!
Wo ist mein Hund denn hingekommen?
Hab ich ihn gar nicht mitgenommen?
Da ruft es aus dem Hinterhalt:
»Mensch, du wirst alt!«

Zum Frühstück nimmst du drei Tabletten,
die sollen dein Gedächtnis retten.
Du fragst dich plötzlich ganz beklommen:
»Hab ich sie eigentlich genommen?
Ja, ist mein Denken denn noch dicht?
Und zweimal nehmen darf man nicht!«
Da ruft es aus dem Hinterhalt:
»Mensch, du wirst alt!«

Und die Geschwätzigkeit senilis,
den andern leider oft zu viel ist,
zumal, was gestern du erzählt,
auch heute im Gespräch nicht fehlt
und – wie die Erfahrung lehrt –
auch morgen brühwarm wiederkehrt.
Da ruft es aus dem Hinterhalt:
»Mensch, du wirst alt!«

Wo ist die Brille? Du willst lesen,
sie ist noch eben da gewesen.
Du rufst nervös und aufgeregt:
»Da hab ich sie doch hingelegt!«
Du suchst im Haus in allen Ecken,
denn irgendwo muss sie ja stecken.
Doch plötzlich wirst du mäuschenstill,
denn auf der Nas', da sitzt die Brill'.
Da ruft es aus dem Hinterhalt:
»Mensch, du wirst alt!«

Maschinen kann man reparieren
und ihr Getriebe ölig schmieren,
wenn mal dein Fernseher kaputt,
ein kleiner Chip, schon ist es gut.
Doch wenn der Kalk im Hirn sich dichtet,
gibt's nichts mehr, was das Dunkel lichtet.
Da fällt die düstre Stimme ein:
»Mensch, schick dich drein!«

Lieber Albed!

Zu deim 40ger Wiegafescht
hosch du glada viele Gäscht.
Und wia üblich uf am Land
kommt koiner mit 'ra leera Hand.
Es hot sich etz herausgestellt,
dass au d'r letzte Rest der Welt –
od'r mindestens en Doil –
hot für dia a Geschenkle foil.
Se hond se alle gschickt an mi –
los – wer hot, denkt an die.

Aus Afrika da Negerkuss,
aus Amerika da Comicgruß
aus Spanien's Sonne die Zitrona –
von Vorberg's Edeka die rote Bohna,
aus Asien für da Reis die Stäbla,
von dr Milka-Kuha die Schokolädla.

Ond d'r schene gelbe Luftballon,
der kommt von Rabenstein – du woisch schon,
von Nachber's Henna no a Oi,
vom Mogga-Hof, do sind's glei zwoi.

Schneewittchen's bese Stiefmama,
dia lot dir a Pfond Epfel da.
Ond dies'r schene Blumenkohl,
den schickt dir Ex-Kanzler Kohl.
Au vom neia Kanzler Schreder,

griagsch an wunderschene Schweder.
Aus Fronhofa, von Jehle's –
du woischt scho – vom Becka,
griegscht du den ovala Wecka,
ond däd er dir au gar it monda,
schicket' dr dir au glei en ronda.

D'SPD au an die denkt
ond dir des schene Blieme schenkt.
Au grießa dät – des ischt da Clou
mit ma G'schenk – die CDU,
ond unsre Freie Demokrata
sendet dir den Schaum zum Bada.
Die Griene schenket diesen Baum,
der isch so klei, ma sieht en kaum.
Zum Schluss kommt no die FWV
ond schenket dir a kloine Sau.

Au dei Lieblingsbrauerei
isch mit ra Flasch Bier dabei,
en Wodka traf aus Moskau ei,
der ka doch bloß vom Jelzin sei.
Wirt's Karle schenkt dir auf dei Wohle
a Rezept für Pfirsich-Bowle.
D'Griechen schicked diesen Ouzo,
dia schreibet uns, den megesch du so.

Au des find i ganz bsonders lieb,
a glois Gschenk vom Schultes Grieb.
Vom Metzg'r Walser a paar Reserve-Auga,
der hot gesait – die dädet no was dauga.
Ond do, des isch doch au it ibel,
vom Pfarrer Rollny no a Minibibel.

D'r Schumi schreibt: Hoch sollscht du leba,
i soll dir den Ferrari geba.
Au dabei isch dr Tennisstar Boris Becker
ond schickt dir den digidala Radiowecker.
Etz isch do au no Dieter Thomas Kuhn
ond schickt dir des verrückte Huhn.

Sogar Beate Uhse hot drangedacht
ond schickt dir dieses für die Nacht.
Ischt Bärbel amol im Urlaub in dr Türkei,
solsch au it sei so ganz allei.

Au d'Händ von deine Kollega sind it leer,
für di abbes finda war scho schwer.
Denn fiel dene doch no abbes ei,
drum griegsch an Gutschei ond a Fläschle Wei.

So – de Korb isch leer, mir zwoi hond's etz gschafft,
i kehr zum Kneer – ond sui zum Kraft.

Zum 50. Geburtstag

Wir wünschen zum Geburtstagsfeste
dir Gesundheit und das Allerbeste.
Wir haben darüber nachgedacht,
womit man dir 'ne Freude macht.
Wir dachten hin, wir dachten her,
doch was zu finden, das war schwer.

Wir dachten oft und lange dran,
was man dir wohl schenken kann.
Denn, bei dir ist's wie bei Dallas,
du hast halt wirklich einfach alles.

Den Kopf haben wir uns fast zerbrochen,
das bisschen Hirn, das kam zum Kochen,
wir fingen oft von vorne an,
bis die Idee dann endlich kam:
Weil du 50 geworden bist,
kriegst du alles 50-mal auf den Tisch.

Fünfzig Bonbons für ein süßes Leben,
fünfzig Schluck Schnaps, um einen zu heben,
fünfzig Meter Schnur zum Päckle-Machen,
fünfzig Klemmerle für wichtige Sachen.

Fünfzig Gutsle zum Verfressen,
fünfzig Knoten, um nichts zu vergessen,
fünfzig Kerzen für gemütliche Stunden,
fünfzig Hölzchen, um's Gebiss zu erkunden.

Fünfzig Schrauben, um was zu verbinden,
fünfzig Nägel, um was aufzuhängen,
fünfzig Gummi ohne Ecken,
fünfzig Würstle, die gut schmecken.

Fünfzig Knoblauchzehen für's Gedächtnis,
fünfzig Blatt Klopapier für dein »Vermächtnis«,
fünfzig Tempotücher zum Verrotzen,
fünfzig Tütle, falls du mal musst kotzen.

Endlos könnten wir weitermachen,
es gäbe so viele fünfzig Sachen.
Doch für heut, da reicht's einmal,
mehr gibt's dann beim nächsten Mal.

Zu deinem ganz besonderen Feste
wünschen wir dir das Allerbeste,
viel Gesundheit und viel Glück im Leben,
einen Haufen Geld und Freude daneben,
so viel Geschäft, dass es grad' so reicht,
eine Kanne zum Gießen, die nicht »soicht«,
kurzum, alles was man brauchen kann,
wünschen wir dir ganz herzlich dann.

Zum 60. Geburtstag

Es lichtet auf dem Haupte das Geflecht sich,
so mancher Zahn erweist nicht mehr als echt sich,
und auch das Augenlicht allmählich schwächt sich:
Sechzig, sechzig!

Auch wenn man sieht im Teich als tollen Hecht sich,
die Zeit ist um, wo straflos man bezecht sich,
so mancher Überschwang sehr rasch nun rächt sich:
Sechzig, sechzig!

Man fühlt behämmert, wie der Baum vom Specht sich,
im Kopfe findet man nicht mehr zurecht sich,
wenn man mal nichts vergisst, dann freut man echt sich:
Sechzig, sechzig!

Und doch, beurteilt man einmal gerecht sich,
so findet wirklich man nicht gar so schlecht sich.
Und spottet einer, sagt man: Der erfrecht sich!
Der Lümmel werde selbst doch erst mal sechzig!

Zum 70. Geburtstag

70 Jahre tapfer leben,
70 Jahre schaffen, streben,
das ist Segen ohnegleichen,
nicht ein jeder kann's erreichen.
70 – diese Zaubersieben
ist ein Jahr, das muss man lieben.

Tu ins Märchen einen Blick!
7 heißt dort immer Glück:
7 Geißlein, 7 Raben,
7 köstlich dicke Schwaben,
7 gar auf einen Streich.

Auch bei allen Schäfersleuten
tut die 7 viel bedeuten.
7 Kräfte sind vonnöten,
dass sich blasse Wangen röten;
7 Gifte man versenkte
in die Zauberliebestränke.
Auch bei Lebkuchen sind 7
der Gewürze vorgeschrieben.

Schaut man sich im Altertum
nach der Wundersieben um,
ist sie überall zu finden:
Mond- und Sternenbahnen frage,
jede Woch' hat 7 Tage,
7 Wunder hat die Welt,

und sogar am Himmelszelt
strahlt die hohe Sternensieben,
feurig auf das Schwarz geschrieben.

25 000 Tage – welche Lust und
welche Plage!
6 mal 100 000 Stunden –
wie viel' Freuden, wie viel' Wunden!
70 Jahr', ein langes Leben!
Und nun heißt es weiterstreben,
immer höher auf der Leiter,
bis zur letzten Sprosse weiter!
Wann sie kommt, weiß Gott allein!
Mög' Er gnädig mit dir sein!

Heut müsst' der Himmel voller Sterne sein

Hochzeitsgedicht

Jetzt ist es geschehen, es gibt kein Zurück,
doch mit diesem Gedicht geben wir Tipps für's Glück.
Hier ist ein Topf Salz, das gehört schon dazu,
sonst ist es zu labbrig, das Eheragout.

Mit diesem Ding löffelt, wer stur und verstockt,
die Suppe, die er sich hat selbst eingebrockt.
Und bei diesem Sieb, da fällt alles heraus,
was Unfrieden bringt in Familie und Haus.

Hier altes Geschirr, das, wenn man in Wut,
man einfach zerdeppert, dann ist's wieder gut.
'ne Liste mit Namen, damit man geschwind
für den zahlreichen Nachwuchs Vornamen find't.

Und wenn mal ein Essen ist gründlich verpfuscht,
ein Fertiggericht dieses schnellstens vertuscht.
Geduld lernt man hier bei dem winzigen Spiel,
und von dieser Tugend, da braucht man wohl viel.

Und hat mit dem Stift er den Trautag notiert,
dann ist er als Ehemann niemals blamiert.
Den Schirm nicht verachtet über eurem Haupt,
dann seid ihr beschirmt, auch wenn ihr's kaum glaubt!

*Mit dem Text werden verschiedene Utensilien übergeben, die vorher besorgt
werden müssten: ein Salzstreuer, ein Löffel, ein Sieb, altes Geschirr, eine Liste
mit Vornamen, eine Tütensuppe, ein kleines Spiel, ein Stift und ein Schirm.*

Heut müsst' der Himmel voller Sterne sein

Heut müsst' der Himmel voller Sterne sein
und jeder Stern ein Geigenmeisterlein,
und alle Vögel müssten Lieder singen,
und alle Glocken müssten festlich klingen,
und alle Zweige müssten Blüten tragen,
und alle Menschen müssten Grüße sagen,
die Liebe müsst' als großer Chor erschallen
und tausendstimmig in dir widerhallen.

Aus dem Gerichtssaal

Die ... erwartet heute ein Aufsehen erregendes Urteil.
Angeklagt wurde sie:
1. Wegen gefährlicher Körperverletzung nach § 223 StGB. Sie verdrehte dem ... (hier Zeuge) vorsätzlich den Kopf.
2. Wegen Raubes nach § 239 StGB. Sie raubte ihm in den Jahren ihrer Bekanntschaft zum wiederholten Male Ruhe und Schlaf.
3. Wegen Brandstiftung nach § 308 StGB und weiterer Körperverletzung. Sie setzte das Herz des Zeugen in Flammen.

Der Zeuge führte bis dahin einen geordneten, unbescholtenen Lebenswandel.
Nicht alle Straftaten von Seiten der Angeklagten und des Zeugen konnten restlos aufgeklärt werden. Fragen des Gerichts aus dem Intimbereich wurden unter Ausschluss der Öffentlichkeit erörtert.
Seit dem ... beraubte sie den Zeugen weitgehend des Gebrauchs seiner persönlichen Freiheit und hat sich damit nach § 239 StGB schuldig gemacht.
Die Angeklagte räumte den objektiven Ablauf aller Straftaten ein und gibt auch zu, vorsätzlich gehandelt zu haben. Sie macht jedoch geltend, dass ihre Taten nicht rechtswidrig seien, weil der Zeuge sie hierzu unmissverständlich aufgefordert hätte.
Zwar gibt der Zeuge zu, dass er nach anfänglichem Zögern nennenswerten Widerstand nicht geleistet, ja sogar mit der Zeit in zunehmendem Maße das Verhalten der Angeklagten als angenehm empfunden habe.

Da er sich jedoch im offensichtlichen Zustand der Verliebtheit befand, war seine Einsichts- und Urteilsfähigkeit eingeschränkt. So ist die Einwilligung des Zeugen ohne rechtliche Bedeutung. Die Angeklagte ist zu bestrafen, zumal nicht einmal Anzeichen von Reue und Einsicht in kriminelles Verhalten erkennbar sind. Sie scheint sogar auf die Straftaten noch stolz zu sein. Strafmildernd mag gelten, dass die Angeklagte bei den hier abzuurteilenden Delikten straffrei durchs Leben gegangen ist, sozial eingeordnet gelebt hat und der Versuchung zu den genannten Straftaten aufgrund der außergewöhnlichen Attraktivität ihres Opfers nicht den gebotenen Widerstand ... leisten konnte, weil dieses Opfer ihr die Begehung der Taten nicht gerade erschwert, ja, in gewisser Hinsicht herausgefordert und sich damit mitschuldig gemacht hat.

Bei Abwägung dieser für und gegen die Angeklagte sprechenden Umstände ist auf eine Strafe mit Freiheitsentzug zu erkennen.

Die Angeklagte kann nicht besser gestellt werden als ihr Opfer, dem sie durch die Eheschließung ebenfalls mit gleichem Strafmaß die Freiheit zu entziehen trachtet.

Wir gehen davon aus, dass es im wohl verstandenen Interesse der Angeklagten und des Zeugen liegt, wenn sie ihr gesamtes weiteres Leben gemeinsam verbringen.

Das abschließende Urteil ist erst in naher oder ferner Zukunft zu erwarten.

Verhandelt zu ..., den ...
Der Vorsitzende Richter

Protokollant: ...

10 Gebote für junge Eheleute

Ihr sollt stets 1 sein!
Ihr sollt euch nie ent2en!
Ihr sollt euch 3 bleiben bis in den Tod!
Ihr sollt euch stets gut 4ren!
Ihr sollt eure 5 Groschen zusammenhalten!
Ihr sollt es mit dem 6 nicht zu toll treiben!
Ihr sollt eure 7 Sachen stets schonend behandeln!
Ihr sollt euch gegenseitig 8ten!
Ihr sollt eure Liebe jeden Tag er9ern!
Ihr sollt euch nie die 10e zeigen!

Eheliche Wetterregeln

Folgt ein Mann hübsch seiner Frau,
ist der Himmel klar und blau.

Wird er täglich nur bereiter
nachzugeben, bleibt's auch heiter.

Oh, dass es ewig doch so bliebe,
sonst wird bald der Himmel trübe.

Wird der Mann nun gar verwegen,
folget Regen.

Für des Weibchens Fehler blind
muss er sein, sonst gibt es Wind.

Zeigt er männlich das Gefühl
seiner Würde, wird sie kühl

Ist ihm dies und das zu hoch im Preis,
kommen Schnee und Eis.

Zahlt er nicht, was sie bestellte,
offenbart sie eis'ge Kälte.

Ehret die Frauen drum wie Götter,
dann habt stets ihr schönes Wetter!

Wünsche einer Mutter an ihren Sohn

Ich wünsche dir eine Frau, die dich annimmt. Nicht nur in den Stunden der Zärtlichkeit und Freude, sondern auch in deiner Fremdheit und in deinem Versagen.

Ich wünsche dir eine Frau, zu der du nach Hause kommen kannst, wenn du beschwert bist von Misserfolgen und Niederlagen und wenn du dich selbst nicht mehr leiden kannst.

Ich wünsche dir eine Frau, die dich versteht, auch wenn sie dein Verhalten nicht gutheißen kann. Eine Frau, die dir aufrichtig ihre Überzeugung sagt und dich dabei ihre Liebe so spüren lässt, dass sie dich befreit zur Änderung deines Lebens und für einen neuen Anfang.

Ich wünsche dir eine Frau, die dich herausfordert zu Ritterlichkeit und Fairness allen Menschen gegenüber, auch jenen, die schwach und alt und verachtet sind in unserer Gesellschaft.

Ich wünsche dir eine Frau, die mit dir über eure Zweierschaft hinaus sucht nach der größeren Gemeinschaft mit euren Mitmenschen und nach der größten und tiefsten Gemeinschaft, die es gibt, nach der Gemeinschaft mit Gott.

Ich wünsche dir eine Frau, die ihren Glauben nicht verleugnet, wenn du oder andere zweifeln oder kritisieren, und die dich dennoch lieb behält und dich herausliebt aus deinen Dunkelheiten.

Ich wünsche dir eine Frau, die fest an deiner Seite steht.

Wünsche eines Vaters an seine Tochter

Ich wünsche dir einen Mann, der nein sagen kann. Einen Mann, der eine Meinung hat und der nicht feige ist, einen Mann mit Zivilcourage, einen, der weiß, wo die Grenzen sind, über die hinweg man nur noch seine Seele verkaufen könnte.

Ich wünsche dir einen Mann, der sich irren kann – das heißt, der dir gegenüber zugibt, dass er sich geirrt hat. Eine gute Ehe zeigt sich unter anderem darin, dass einer vor dem anderen schwach sein kann, auch der Mann vor der Frau, dass einer dem anderen geradezu beichten kann.

Ich wünsche dir einen Mann, der nicht alles weiß. Einen Mann, der kein Blender ist. Auch dieses Eingeständnis »Das weiß ich nicht« ist ein Zeichen von Zivilcourage, ein Zeichen von Mut und Freiheit.

Ich wünsche dir einen Mann, der kein Rechner ist. Wer immer nur rechnet, wird niemals richtig schenken können.

Ich wünsche dir einen Mann, den du trösten kannst. Dies soll der Mann von vornherein wissen, dass er mit seinen Sorgen zu dir kommen kann. Ich wünsche dir einen Mann, der wirklich dich sucht, der wirklich alles mit dir bespricht, der weiß, dass du seine Zuflucht bist.
Einen Mann, der nächst Gott nichts so liebt wie dich.

HORST NITSCHKE

Im Silberkranz

Fünfundzwanzig Jahre zogen
hin, seit ihr euch am Altar
habt gereicht zum Bund die Hände,
liebes teueres Jubelpaar!

Fünfundzwanzig Jahr ziehet
ihr durchs Leben, Seit an Seit,
fünfundzwanzig Jahre gab euch
Gott, der Herr, selbst das Geleit.

Gottes Güte führ und lenke
weitre fünfundzwanzig Jahr,
Gottes Güte euch dann schenke
goldnen Kranz im Silberhaar.

Heut vor fünfundzwanzig Jahren

Heut vor fünfundzwanzig Jahren
standet ihr am Traualtar,
und der Zukunft Tage waren
euch und andern noch nicht klar.

Aber heut' im Freundeskreise
schaut ihr rück' auf eure Reise;
für das Ziel, das nicht mehr Schein,
stehen Kind und Enkel ein.

Was Irdischem gehört,
wird durch die Zeit zerstört;
was Edlem sich geweiht,
verschönt, verklärt die Zeit.

Gefahrvoll ist des Lebens Fahrt

Gefahrvoll ist des Lebens Fahrt.
Nicht Angst noch Müh bleibt uns erspart!
Drum lob ich mir den tücht'gen Mann,
Dem man sich anvertrauen kann.
Dem Berg- und Talfahrt gut gelingt,
Der jede Kurve wohl bezwingt,
Der die Signale all beachtet,
Der Tag und Nacht nur danach trachtet,
Zu fahren auf dem rechten Gleis,
Wohl dem, der solchen Führer weiß.

Ein halbes Jahrhundert ist es heut,
Da stand ein blanker Zug bereit.
Der junge Mann im Führerstand
Gab einer jungen Frau die Hand.
Er sprach: »Steig du nur ein, mein Schatz,
An meiner Seite ist dein Platz.«
Ich bin bei dir und du bei mir,
In Gottes Namen fahren wir.
Die Myrte baut ein grünes Tor,
Wie liegt das Leben bunt davor.
Und über sich des Himmels Sterne,
Dampft froh das Züglein in die Ferne.

Nicht immer zeigte – voll Glück und Licht –
Die Welt ein Sonntagsangesicht!
Nicht immer war der Himmel blau,
Ach, manchmal war er trüb und grau.

Wie kalter Nebel, schwer und leise,
Fällt Sorge auf die Lebensreise.
Das Züglein aber dampft voran,
Nicht ficht es Sturm noch Kälte an.

Wie schnell doch Jahr um Jahr vergeht,
Es schneit und blüht und nichts besteht
Als Gottes Liebe nur allein.
Die Myrte strahlt im Silberschein.
Der Onkel fragt die Tante leise:
»Währt schon so lange unsere Reise?«
Schon ganze fünfundzwanzig Jahr.
Doch, glänzt auch Silber uns im Haar
Und pochet unsrer Herzen Schlag
So schnell nicht wie am Hochzeitstag,
Wir brauchen noch nicht auszuruh'n,
Lasst uns die Reise weitertun!
Und Tante nickt: Ich bin bei dir,
In Gottes Namen fahren wir.

Das Züglein rollt durch Krieg und Sorgen,
Durch Winternacht und Frühlingsmorgen,
Es trägt manch Kummers hart Gewicht,
Doch seine Achsen brechen nicht.
Gott half dereinst sie selber bauen,
Und ihre Stärke heißt Vertrauen.
Durch manche Schluchten, viel gewunden,
Hat's Züglein seinen Weg gefunden.

Heut setzt der Herrgott euch zum Lohne
Aufs Haupt die goldne Myrtenkrone.
Ach, könnten wir euch alles schenken,

Was Menschen wünschend sich erdenken.
Ach, könnten wir so ganz umgeben
Mit Freude, euer liebes Leben.
Stets könnte unser Dank nur klein
Für eure große Güte sein.
Gott segne eure Weiterreise
Auf goldumschimmerte Geleise,
Durch ruhevolle, sonnenklare,
Freuderfüllte Lebensjahre.

Mit grünem Kranz geschmückt,
Mit silbernem beglückt,
Mit goldenem geehrt,
Ist wohl des Lebens wert!

Nun lasst die Gläser klingen,
Gefüllt mit kühlem Wein,
Und lasst ein Hoch erklingen,
Stimmt alle mit mir ein.

Das Jubelpaar, es lebe
hoch   hoch   hoch

50 Jahre zählt ihr heute

50 Jahre zählt ihr heute,
dass der Glocken froh Geläute
euch ins Gotteshaus gerufen
zu des Traualtares Stufen.

Dort in weihevoller Stunde,
fromm belehrt aus Pfarrersmunde,
habt ihr euch das »Ja« gegeben,
zu verbinden euch fürs Leben.

Habt getauscht die goldnen Ringe,
dass euch Treue fest umschlinge,
habt verschlungen eure Hände,
dass euch Liebe fest verbände.

Seitdem seid ihr froh gegangen,
euren Lebensweg, den langen,
seid in jeder Lebensstunde
treu geblieben eurem Bunde.

Jedes Leid, das euch getroffen,
ließ euch Gottes Hilfe hoffen,
und für alle Freudenstunden
habt ihr ein Gottdank gefunden.

Lasst euch in des Alltags Leiden
nicht von eurem Vater scheiden,
der wird sie euch reich vergelten
in des Himmels Freudenzelten.

Gott hat euch bisher geleitet,
schützend seine Hand gebreitet
über eures Lebens Pfade,
dass ihr bleibt in seiner Gnade.

Mög er, das sei meine Bitte,
weiterhin segnen eure Schritte
und nach mancher Jahre Lauf
rufen euch zum Himmel rauf.

Heute läuten Hochzeitsglocken

Heute läuten Hochzeitsglocken
dem altgedienten Jubelpaar,
wieder jubeln und frohlocken
zwei Herzen vor dem Traualtar.

Das Jawort sprechen sie aufs Neue
und reichen sich erneut die Hand,
bedanken sich für Lieb und Treue,
wo jedes die Erfüllung fand.

60 Jahre sind vergangen,
60-mal zog Frühling ein,
60 Jahre Glück und Bangen,
60 Jahre Sonnenschein.

Doch auch dunkle Wolken zogen,
warfen Schatten übers Dach,
bis ein bunter Regenbogen
neue Hoffnung euch versprach.

Wo Liebe ist und Gottvertrauen,
wo Hoffen neben Glaube steht,
im Abendrot, im Morgengrauen,
ein Dankgebet zum Himmel geht.

Da müssen frohe Menschen leben,
Frieden geht dort ein und aus,
den Segen kann euch Gott nur geben,
ich wünsche Glück jahrein – jahraus.

Und läuten heut die Hochzeitsglocken
dem diamantnen Jubelpaar,
gar viele Herzen jubeln und frohlocken
und danken für die 60 Jahr.

ANNEMARIE SAUTER

Der Myrtenkranz ist längst verblichen

Der Myrtenkranz ist längst verblichen,
Der sie am Hochzeitstag geschmückt,
Er ist dem Silberkranz gewichen,
Den's Bräutchen trug einst hochbeglückt.

Und auch der Silberkranz glänzt nimmer,
Er machte einem goldnen Raum.
Da glänzt die Braut im goldnen Schimmer
Und blickt zurück im Jugendtraum.

Der goldne Kranz, der sie umwunden,
Der sie umgab mit sanftem Band,
Auch er ist wiederum entschwunden,
Heut strahlt die Braut in Diamant.

Doch mehr als alles dieses glänzen
Die Tugenden der alten Frau,
Die nebst den Gold- und Silberkränzen
In Ehren wurde altersgrau.

Das Jubelpaar, das jetzt im Eise
Des Lebens steht, hat Gott vertraut.
Er schützt sie auf ihrer Reise,
Den Jubelgreis, die Jubelbraut.

So wandeln sie dem Ziel entgegen.
Wir danken Gott für's hohe Glück,
Der sie geführt auf ihren Wegen.

Sind heute sechzig Jahr verflossen,
Seitdem ihr als ein junges Paar
Den Bund fürs Leben fest geschlossen
Mit Gottvertrauen am Altar.

EDUARD PRESSER

Der 45-jährige Ehekrieg

Oma: Komm einmal her, du alter Tropf,
an deiner Jacke fehlt ein Knopf.
Ich weiß nicht, wie du das immer machst,
dass du laufend die Knöpfe abkrachst.

Opa: Fängst du schon wieder zu meckern an?
Ist an deinem Mundwerk nichts anderes dran,
als dauernd zu schelten und zu schimpfen?

Oma: Du brauchst gerade noch die Nase rümpfen,
ausgerechnet du!!
Bei dir hat man ja keine Ruh,
dauernd stellst du etwas an,
und so was ist ein erwachsener Mann!?

Opa: Jetzt sei bitte einen Moment still,
weil ich auch etwas sagen will.
Du mit deinem ewigen Flicken, Putzen und Abstauben
wirst mir meinen letzten Nerv noch rauben.
Du bringst mich noch vorzeitig ins Grab hinein,
ich könnte noch viel rüstiger sein
ohne dein albernes Gekeife.

Oma: Meinst du etwa, ich tanz nach deiner Pfeife?
Das wirst du bei mir nicht erleben.

Opa: Das ist das Elend eben.
Welcher Friede könnte bei uns herrschen,
könntest DU dich ein bisschen beherrschen.

Oma: Das könnte dir so passen.
Ich soll mir von dir etwas sagen lassen?
Das wäre das erste Mal in meinem Leben.

Opa: Aber ich soll wohl nachgeben,
das kommt nicht in die Tüte –
das wäre – ach du meine Güte...

Oma: 45 Jahre sind wir jetzt ein Paar,
wie ich das überlebt habe, fürwahr,
das weiß ich nicht, bei diesem Tyrannen.

Opa: Oho, weißt du noch, wie wir begannen,
damals, als wir noch hübsch und jung,
lebensfreudig, frisch und sehr in Schwung?
Ich bin wenigstens noch hübsch, oder nicht??
Aber dir schaut nur noch das »und« aus dem Gesicht!

Oma: Tust du schon wieder hetzen?
Dir sollte man den Kopf zwischen die Ohren setzen.
Weißt du noch, als wir uns das erste Mal gegenüberstanden,
wie die Stimme uns versagte und die Knie wankten.
Damals wurde ich noch rot bis an die Ohren,
und du hast mir damals Treue geschworen.

Opa: Ja, das sind die Jugendsünden,
ein ganzes Leben lang sie ihre Strafe finden.
Wie hat mich das alles schon geschlaucht.

Oma: Und was hast du mir damals ins Ohr gehaucht.
Am liebsten hättest du mich ganz und gar
aufgefressen vor Liebe, mit Haut und Haar.

Opa: Warum habe ich das nicht getan?
Aber das ist eben der Liebe Wahn,
sie sei die Herrlichkeit auf Erden.

Oma: Wie soll das bloß noch mit uns werden?
Dieser 45-jährige Krieg, der hält uns munter.

Opa: Aber unter den Tisch kriegst du mich nicht runter.

Oma: Trotzdem behaupte ich noch –
Das letzte Wort behalte ich doch!

Kann auch für den 30-jährigen Ehekrieg verwendet werden.

Ehe-Rezept

Zutaten:
500 g Liebe, 250 g Butter der Jugend, 250 g gutes Aussehen,
250 g zärtliches Gemüt, 1 Teelöffel überwundener Fehler,
500 g Selbstvergessen, 1000 g Witz, 1000 g trockener Humor,
2 Esslöffel süßer Argumente, 1 Tasse voll geriebenem Gelächter,
1 Weinglas voll Gemeinsinn

Zubereitung:
Liebe, gutes Aussehen und zärtliches Gemüt werden in einem
wohl ausgestatteten Heim gemischt. Die Butter der Jugend zu
Creme schlagen und mit den vorigen Bestandteilen gut vermen-
gen. Den Teelöffel überwundener Fehler und das Pfund Selbstvergessen hinzufügen. Witze in trockenen Humor einrühren,
mit süßen Argumenten würzen und das Ganze den obigen
Bestandteilen hinzufügen. Geriebenes Gelächter und Gemeinsinn langsam zugießen und alles gut verrühren.

Ein ganzes Leben kochen lassen, ergibt eine Speise, die das Ehe-
glück für immer bewahrt.

A Päckle aus Amerika

Das Geschenk

Ein Geschenk haben wir dir heute mitgebracht;
und dabei haben wir uns gedacht:
Vielleicht tut es mal ein einfaches Ding?!!
Es muss ja nicht immer sein Silber und Zinn.

Dieses Ding hier erfüllt so vielerlei Zweck,
und es ist immer noch nicht vom Fenster weg.
Wenn viele in einer Gesellschaft rauchen,
kannst du es als Aschenbecher gebrauchen.

Auch als Schüssel für Hunde, groß und klein,
kann dieses Ding von Nutzen sein.
Mit Gebäck oder auf einer Party von morgen
kannst du deine Gäste damit versorgen.

Sogar auf dem Fensterbrett
macht sich dieses Ding ganz nett.
Auch für Blumen auf deinem Rasen
oder als Futternapf für Katzen und Hasen.

Auf der Terrasse für Spatzen und Meisen
kann dieses Ding sich sehr nützlich erweisen.
Aber auch auf See, wenn der Wind mal
    weht von vorn,
macht sich dieses Ding doch ganz enorm.

Auf Reisen, wenn keine Gelegenheit,
hilft es dir aus der Verlegenheit.
Selbst Erbsensuppe, Linsen, Bohnen
können noch hier drinnen wohnen.

Ebenso Zitronenschaum
hatte hier schon Platz und Raum.
Fehlt bei Regen dir der Hut,
macht es sich besonders gut.

Strickzeug und kaputte Socken
können auch hier drinnen hocken.
Würstchen, Eier, Sauerkraut
hat man hierin schon verstaut.

Perlen, Ringe, Ketten, Clips
passen rein, genau wie Chips.
Wirst auch älter du und kranker,
dient es dir als Rettungsanker.

Knöpfe, Lockenwickler, Kamm,
Seife und der Badeschwamm.
Gurken und auch Obstsalat
hast du hierin schnell parat.

Gummibänder, Souvenire
oder kleine Krabbeltiere.
Schuhputzzeug, Kartoffelschalen,
Bonbons, Käse, Mausefallen.
Alles hat hier drinnen Platz.
Wenn du willst – es ist ein Schatz.

Oder gar ein kühles Bier
schmeckt aus diesem Dinge hier.
Überflüssig wird es nie,
Du brauchst nur ein bisschen Phantasie.

Nur Automatik ist hier nicht drin,
keine Sensortasten oder solch Klimbim,
keine Fernbedienung und kein Ultraschall,
solch technisch' Kram hat man zwar sonst überall.

Auch kein Stereo – nur natürlicher Klang!
Wenn du drauf sitzt, ist's ein Gefühl
    wie im ersten Rang,
die Bedienung ist nur ein einfacher Henkel,
doch sitzt du zu lang, dann ermüden
    dir die Schenkel!

Heute ist es ein Gelddepot,
und es soll dich machen froh.

Das Geschenk ist ein Nachttopf.

's Päckle aus Amerika

Ihr Leut', ihr Leut', i schrei Hurra,
a Päckle aus Amerika!
Von onsra liba Tante Rose,
schön verpackt, Dos für Dose.

De ganz Familie reckt da Hals:
a Doppelkilo Schweineschmalz,
a Dose voll echt Kakao,
a Kilo Bohnakaffee roh.

Seh i richtig, meiner Seel,
a großa Dos Oliva-Öl,
a extra großa Büchs voll Reis,
drei Kilo Mehl, wia Schnee so weiß.

Dees älles schrieb dia Tante Rose
eigahendig auf dia Dosa,
dass mir glei wisset, was do drenna,
weil mir koi Wörtle Englisch kennet.

Blos auf der siebta Weißblechdos,
do gieng scheinbar dr Zettel los.
Was kennt en dera Dos drenn sei?
I henk amol da Riecher nei.

Es isch koi Mehl, es isch koi Grieß,
schmeckt grad wie eigschlofane Füaß.
Mer hend uns älle dr Kopf zerbrocha,
was kennt ma aus dem Pulver kocha?

∼ 62 ∼

Bestimmt isch ebbes für da Maga,
doch was des isch, ka koiner saga.
I mach jetzt Schluss mit dera Raterei,
Punktum, mir kochet jetzt en Brei.

Da Hafa setz i na aufs Feier,
machs no schmackhaft mit zwoi Eier,
ond auf den Rat von onsrer Oma
nemm i ebbes Zimtaroma.

I machs no glatt mit ebbes Schmalz
und würz es mit ra Hand voll Salz.
No rühr i no a Teigla a
ond richts zum Mittagessa na.

Gut abgschmeckt mit Fett ond Zwiebel,
ha, des war guat, net mol so übel.
Na, soll's gwesa sei, was will,
dia Mäga waret amol wieder still.

Ihr liebe Leit, a paar Tag drauf,
do klärt sich des Geheimnis auf.
Doch hört, was Tante Rose schreibt,
sonst saget ihr, ma übertreibt.

In tiefem Schmerze, meine Lieben,
hab ich euch diesen Brief geschrieben,
der liebe Onkel Theodor,
er starb mit dreiundachtzig Johr.

Es war schon immer sein Gedanke,
wofür er euch besonders danke.

Er wolle en Heimatboda nei,
zur letzten Ruh bestattet sei.
Setzt ihn in aller Stille bei,
damit er immer bei euch sei.

In tiefer Trauer, Tante Rose,
die Asche ist in der Weißblechdose.
I kann des ewig net vergessa,
hand mir doch onsern Onkel gfressa.

Ein unglückliches Versehen

Durch das Versehen eines Verkäufers ist eine Verlobung auseinander gegangen. Ein Bräutigam kaufte seiner Braut zum Geburtstag ein Paar Wildlederhandschuhe und schrieb einen Brief dazu, der sich auf die Handschuhe bezog. In demselben Geschäft kaufte er außerdem für seine Schwester ein paar Schlüpfer. Zum Unglück verwechselte der Verkäufer die Pakete. Als nun die Braut zu ihrem Geburtstag das Paket öffnete, fand sie darin die Schlüpfer und den Brief, der sich aber auf die Handschuhe bezog. Er lautete:

Meine Liebste,
lange habe ich darüber nachgedacht, was ich dir zum Geburtstag, zum Zeichen meiner großen Liebe und Verehrung schenken solle! Erst bei unserem letzten Zusammensein habe ich bemerkt, was du am besten gebrauchen kannst, und das findest du in diesem Paket. Gerne wäre ich dabei, wenn du sie anziehst! Am liebsten zöge ich sie dir selbst an. Verlebe glückliche Stunden darin. Ich hoffe, sie werden dir gefallen! Mit Absicht habe ich sie etwas kleiner genommen, denn sie weiten sich von alleine, und es sieht auch besser aus, wenn sie stramm sitzen. Nicht so, wie du sie sonst immer trägst!
Es waren auch längere zu haben, aber ich dachte, je kürzer, desto besser. Es geht ja auch jetzt dem Frühling zu, wo du ja sowieso keine trägst. Zu einer anderen Jahreszeit hätte ich dir welche mit Pelzfutter gekauft. Verliere sie nicht und lasse sie, wenn du eingeladen wirst, nicht liegen. Ziehe sie auch nicht halb an und trage sie nicht umgeschlagen, denn es sieht schlecht aus.

Ich habe extra welche mit Reißverschluss gewählt, weil du sie beim Spazierengehen immer in der Hand trägst. Bei den ersten Malen musst du allerdings kräftig hineinblasen!

Möchtest du sie aber gerne umtauschen, so passt dir der Verkäufer diese gerne an, wie ich es mit ihm vereinbart habe. Willst du sie reinigen, dann musst du sie mit Benzin begießen und dich dann so lange damit in die Sonne setzen, bis sie trocken sind. Sind sie dann aber später entzwei, so wirf sie nicht fort, sondern gebe sie mir bitte wieder zurück, ich benutze sie dann nämlich zum Putzen meiner Brille!

Es grüßt und küsst dich
dein Karl-Egon

Was ewig weiblich

Lied der alten Schachteln

Was wir vor dreißig Jahr'n für hübsche Mädchen war'n,
ach, solche gibt es heute gar nicht mehr,
ein jeder war entzückt, ein jeder war beglückt,
wenn wir wie Püppchen sind stolziert daher.

Wir war'n so zierlich und so manierlich,
an uns hat Freud gehabt ein jeder Mann,
so hübsche Wesen, wie wir gewesen,
ach, solche trifft man heute nicht mehr an.

Gingen wir zum Tanz einmal, hieß es gleich überall,
heut sind die hübschen Mädchen wieder da.
Ein jeder bot uns dann gleich Herz und Ringlein an,
ein jeder wollte sprechen mit Mama.

Wir gaben jedem gleich schnipp'sche Reden,
der nur ein bisschen uns hat angesehen.
Heut wär's uns lieber, doch 's ist vorüber,
heute lassen uns die Männer ruhig stehn.

Ihr Mädchen, denkt daran, nehmt euch ein Beispiel dran,
seid nicht so eitel in der Jugendzeit.
Wir haben 's auch getan, heut sieht uns keiner an,
jetzt stehn wir da in unserer Herrlichkeit.

Die Liebeswonnen, sie sind zerronnen,
wir haben nichts von Liebe mehr im Mai.
Es tut uns schmerzen, 's geht uns zu Herzen,
wenn Amors Pfeil stets ging an uns vorbei.

Oh, wie das Herz erbebt, dass wir umsonst gelebt,
dass wir wie Mauerblümchen nun verblühn.
Uns sieht jetzt gar kein Mann mehr auf der Straße an,
wenn auch errötend unsre Wangen glühn.

Es tut uns schmerzen, sehn wir sie herzen,
die jungen Pärchen tief versteckt im Grün.
Ist hier nicht einer, nein, hier ist keiner,
der noch für uns in Liebe könnt erglühn.

(Klatschen)

Weil Sie nun applaudieren, uns wieder herzitieren,
das schmeichelt uns, ihr lieben, netten Herrn.
Es schlägt uns in der Brust, das Herz voll Liebeslust,
vielleicht gibt's einen noch, der uns hätt gern.

Du da, mein Kleiner, auch du wärst einer,
mit dir, ach, wär'n wir mal gern allein.
Oh welche Freude wär's für uns beide,
ach komm doch schnell und lass uns glücklich sein.

Der Blusenkauf

Wenn Frau'n was kaufen, das geht flink,
ich weiß, wie's meinem Freund erging,
der, jung vermählt, wollt' in der Früh
mal ins Büro, da sagte sie:
»Lass mich ein Stückchen mit dir gehn« –
dann blieb sie vor 'nem Laden stehn.
»Komm, gib mir's Geld –
bin gleich zurück,
es dauert nur 'nen Augenblick.
Bleib draußen«, sprach Frau Suse,
»ich kauf mir bloß 'ne Bluse.«

Nun geht sie rein – »'nen Augenblick«.
Ihr Mann, sehr heiter, bleibt zurück. –
Er freut sich – 's Wetter ist sehr schön,
sieht Kinder, die zur Schule gehn. –
Und sie sagt drinnen zur Mamsell:
»'ne blaue Bluse – aber schnell!«
Nun schleppt man alle blauen rein,
und nach 'ner Stunde sagt sie: »Nein,
ich finde keine nette,
ich möcht' 'ne violette.«

Nun packt man violette aus.
Ihr Mann, geduldig, steht vorm Haus,
denkt: »Ziemlich lange währt so'n Kauf«,
geht auf und ab – und ab und auf –
und sie sagt drinnen: »Das ist nett!

Wie kam ich nur auf violett?
Da fällt mir ein, Frau Doktor Schmidt
geht immer mit der Mode mit –
und die trägt jetzt 'ne gelbe.
Ach, geb'n Sie mir dieselbe.«

Nun packt man alle gelben aus.
Ihr Mann wird hungrig vor dem Haus.
Der Mittag naht, die Sonne sticht,
die Kinder komm'n vom Unterricht. –
Und sie sucht drin und sagt alsdann:
»Was geht Frau Doktor Schmidt mich an!
Wie kam ich auf 'ne gelbe nur?
Es wird ja Frühling, die Natur
zeigt frohe Hoffnungsmiene,
ach, geb'n Sie mir 'ne grüne.«

Nun packt man alle grünen aus.
Ihr Mann wird matt und seufzt vorm Haus:
»Gern kauft' ich 'ne Zigarre mir,
jedoch das Geld, das ist bei ihr.« –
Und sie sagt drin': »Beim Sonnenschein,
da wird das Grün zu dunkel sein.« –
Da schaut er rein. – »Mein Portemonnaie.«
Sie sagt: »'nen Augenblick noch. Geh!
Ich bin ja gleich zur Stelle. –
Ach, geb'n Sie mir 'ne helle.«

Nun packt man alle hellen aus.
Da gibt's ein Ungewitter drauß'.
Es regnet bis zum Abendbrot.
Ihm fehlt ein Schirm und 's Abendbrot –

und sie sagt drinnen zur Mamsell:
»So'n Wetter heut – und dazu hell?
Und überhaupt, wir haben bald
April, da wird's oft nass und kalt,
dann bin ich die Blamierte.
Ach, geb'n Se 'ne karierte.«

Nun packt man die karierten aus,
und er stöhnt, frei nach Goethe, drauß':
»Was ewig weiblich, zieht uns an.
Das Weib, das zieht sich ewig an.« –
Und sie probt drin und sagt entsetzt:
»Was – Nummer vierundvierzig jetzt?
Nicht zweiundvierzig, schlank und schick?
Dann nichts Kariertes – das macht dick«,
ihr Blick zu Taille schweifte.
»Dann geb'n Sie 'ne gestreifte.«

Nun packt man die gestreiften aus.
Ihr Mann, der wankt und röchelt drauß':
»Ein Augenblick!« Das war ihr Wort. –
Dann fällt er um – man trägt ihn fort. –
Da kommt sie mit 'ner roten raus.
»Hier bin ich schon«, ruft froh sie aus –
und schreit: »Mein Mann! Mein einz'ges Glück!
Gott, ist er tot? – Ein' Augenblick!«
Und in den Laden starrt se:
»Dann geb'n Sie mir 'ne schwarze.«

OTTO REUTTER, Text und Melodie

Der Regenschirm
Gespräch eines Ehepaares vor einer Bergwanderung

Er: Du, Inge, was meinst du, könnt ich den Regenschirm mitnehmen?

Sie: Wie du willst, mein lieber Hans.

Er: Ja, mir ist es so, als wenn es Regen gibt, und dann ohne Schirm?

Sie: Dann nimm ihn mit, lieber Hans.

Er: Es ist auch so schwül und die Fliegen stechen so!

Sie: Nimm ihn mit, den Schirm!

Er: Wird sicher nicht schlecht sein, wenn ich den Schirm mitnehme?

Sie: Hast Recht, lieber Hans, nimm ihn mit!

Er: Wenn es dann regnet, wird man nicht nass.

Sie: Nimm ihn mit!

Er: Wenn es nun aber doch schön bleibt, dann ist der Schirm beim Wandern nur hinderlich, da wäre der Stock beim Gehen schon bequemer. Soll ich den Schirm hier lassen?

Sie: Lass ihn da!

Er: Man vergisst ihn und lässt ihn irgendwo auf einer Bank liegen.

Sie: Lass ihn da!

Er: Ich glaube, es ist besser, ich nehme nur den Stock mit und lass den Schirm zu Hause.

Sie: So lass ihn da!

Er: Aber, wenn es nun doch regnet?

Sie: Nimm ihn mit!

Er: Auf dem ganzen Weg über die Alm kein Dach über dem Kopf. Da wird man patschenass!

Sie: Nimm ihn mit!

Er: Vorsichtshalber könnte ich den Schirm doch mitnehmen!

Sie: Nun, dann nimm ihn mit, lieber Hans.

Er: (*dreht sich um und schaut nach rechts und links*)
Ach, schau mal, Inge, ich glaube, die Luft wird schon klarer. Es gibt wohl keinen Regen. Vielleicht hält sich das Wetter. Ich lass den Schirm hier.

Sie: Lass ihn da!

Er: Leichter ist's beim Bergsteigen, man hat nur einen Stock. Ich möchte es wagen und den Regenschirm hier lassen.

Sie: So lass ihn halt da!

Er: Wenn ich ins Gebirge schaue, sehe ich milchweißes Gewölk, und ein Gewitter steigt rasch herauf! Die Sonne glitzert so verdächtig. Es gibt bestimmt noch Regen heute! Ob ich den Schirm doch lieber mitnehme?

Sie: Nimm ihn mit!

Er: Und wenn die Sonne so auf meinen Kopf scheint, kann ich den Schirm als Sonnenschirm benutzen. Was meinst du, Inge, soll ich doch?

Sie: Aber ja, meinetwegen nimm ihn doch mit!

Er: Was heißt das: Nimm ihn mit, lass ihn da! … Nimm ihn mit, lass ihn da! … Immer dieses Hin und Her! … mal so, ein andermal so! Wie kannst du mich bloß so reizen?! … So was Wankelmütiges und Unbeständiges, wie ihr Weibsleute seid, kann ich nun ganz und gar nicht leiden! … Merk dir das! … Aber so seid ihr, nie wisst ihr, was ihr wollt! … Raus aus den Kartoffeln, rin in die Kartoffeln! … Habt ihr denn gar keine eigene Meinung?

Z'donkel net ond au net z'hell

D'r Hefakranz

D'Muatter lässt am Freitich Obend,
äls a Toigle ao,
dass mr en sei'n Sonntichkaffee –
Kucha einedonke ka.
Deckt en sachte mit ma Tüachle –
mit ma saubra – zua
ond se goht mit leichtem Herza,
fröhlich no zur Ruah.

Jetzt – wia sia am andra Morga
en ihr Küch' neiguckt,
liabe Zeit, do hot dr Schrecka
schier ihr Herz aadruckt.
Schloft do s'Hurgele – dr Kater –
en dera Schüssel fest,
schnurrt und schnarcht, als wär
des Toigle grad sei Katza-Nest.

S'isch scho uff da Letschta ganga,
grad am Monatsend',
drei Pfond Mehl send en dr Schüssel,
d'Muatter, dui rengt d'Händ,
no jagt sui den wüasta Denger
aus dr Schüssel naus,
dass er voller Angst und Schrecka –
flüchtet aus em Haus.

Ond no lupft se uff des Tüachle –
s'Herz des klopft derbei –

denk, wia dr Katzatoig dodronter,
wohl zom fenda sei?
Doch hehlenga muass se no doch lacha,
guckt na, wiea no nia,
isch en d'Höh des Toigle ganga,
onterem Katzavieh!

Ond koi Härle ond koi Dreckle,
guckt mr au no so na,
au ganz gwiess koi Katza-Gschmäckle, wenn mr no
so schnuppert dra.
Noi, 's wär Send' ond Schad oms Toigle,
wegschmeißa tuat mr den net,
na nemmt se ganz schnell d'Zibeba,
Zucker, Oier ond au Fett.

Ond en Hefakranz, en nobla,
flicht se zemma schnell,
liabr Beck, jetzt bach den Kuacha –
z'donkel net ond au net z'hell!
Ond wia er so stoht am Sonntichmorga –
bei dr Kaffekann
muass a jeds – vora der Vatter –
grad sei Freud' dra hann.

Dapfer donkt er ens Kaffeele – Stücker sieba, acht
ond voller Lob er secht
»So lugg wia desmal, Muatter,
hosch no nia oin g'macht!«
s'Muatterle, des lacht a bissle –
denkt ans Katza-Bett!
Woisch, dr Toig hot halt desmol au zom Ganga,
grad de richtig Wärme ghet.

Bibel-Kuchen
(Des Rezeptes ökumenische Fassung)

Wer hinter das Geheimnis dieses Backwerks gelangen will, das vielleicht der oberste Bäcker des Pharao in seinem Traum in drei Körben seinem Herrn zugetragen hat – (1 Mose 40,16 u. 17) –, der forsche fleißig in der Heiligen Schrift nach den verschiedenen Kapiteln und Versen, damit er finde, was er an Zutaten beizumengen und wie er mit diesen umzugehen habe. Grundlage des Studiums sei die Luther-Bibel oder auch die Einheitsübersetzung der Heiligen Schrift.

Man nehme also:

vier und eine halbe Tasse	1 Könige 5,2
anderthalb Tassen	Psalm 55,22a
zwei Tassen	Richter 14,14
zwei Tassen	1 Samuel 30,12 (2. Angabe)
zwei Tassen	Nahum 3,12
eine Tasse	4 Mose Numeri 17,23
ein halbes Tässlein	1 Kor. 3,2
sechs Stück	Hiob 39,14
eine Prise	Markus 9,50
drei Teelöffelein	Backpulver (unbiblische Zutaten)

Haben Sie das alles zusammengetragen, beherzigen Sie bitte folgende Ratschläge:

Behandle den (Römer 11,16) so, wie der König Salomo rät, dass man seine Kinder erziehen soll: Sprüche 23,14 …
Die … (1 Samuel 30,12) sollen kernlos sein,
die … (Nahum 3,12) klein geschnitten,

die ... (4 Mose Numeri 17,23) geschält und gerieben.
Dies alles wird gut mit ... (1 Könige 5,2) bestäubt.
Schiebe den ... (Römer 11,16) in einen ...
(Hosea 7,4) und lass ihn über die Zeit von ...
(Matthäus 20,12) darinnen.

Wer dies beachtet, dessen Werk wird wohl geraten!

RUDOLF KOPP

Rezept zum Russischen Salat

I
Drei Pfund Rindfleisch hackt man klein,
Tut das in ein' Hafen h'nein,
Etwas Pfeffer, etwas Salz,
Dazu einen Löffel Schmalz,
Drei Zitronen, ohne Kern' –
Den Geschmack, den hat man gern –
Kalte Soß vom Rehragout
Schüttet man dem Ganzen zu.

– Auch Leberkäs und Honig,
Sardinen und Spinat,
Gefärbte Eierschalen
Mit Mandelschokolad',
Auch Paprika und Erdbeer',
Zwei Liter Lebertran,
Drei Pfund gesott'ne Erbsen,
Vermischt mit Marzipan.

– Schweizerpill'n und Sauerkraut,
Zungenwurst mitsamt der Haut,
Naphthalin und Wagenschmier,
Feingeschnitt'nes Glaspapier,
Ananas und Karfiol,
Bismarckhering und Odol,
Essiggurken, Fliegenleim,
Das kommt alles mit hinein.

Und dazu noch Blutorangen und Zibeb'n
Müssen obendrein noch 's Aroma heb'n.
Makkaroni, g'schnitt'ne Nudeln, kalten Brat'n.
Lüneburger, Kokosnüss' und Schwartenmag'n.

II
Ist nun alles das dabei,
Fehlt es noch an mancherlei.
Lorbeerblätter und Zwieback,
Die erhöhen den Geschmack;
Kletzenbrot und Glyzerin,
Zwetschgenmus und Terpentin,
Kandiszucker und Forell'n
Dürfen auch dabei nicht fehl'n.

Auch Malzkaffee und Rollmops,
Zichorie und Zement,
A Messerspitz' voll Streusand,
Gewiss nicht schaden könnt'.
Bananen, Aprikosen
Nebst Himbeerlimonad',
Dazu 'nen kleinen Löffel
Voll Messerputzpomad.

– Schnupftabak und Stachelbeer',
Gelbe Rüben, Kirschlikör,
Eierkognak, Nelken, Zimt
Man auch zu der Sache nimmt.
Kaviar und Cervelat,
Birn- und Pflaumenmarmelad',
Noch dazu zwei Flaschen Sekt
Das erfordert das Rezept.

Heu und Stroh, auch Hafnerlehm und Bügelkohl'n
Und ein Paar ganz fein geschnitt'ne Hausschuhsohl'n,
Harte Semmelbrocken, eingeweicht in Teer,
Das ist noch nicht alles, 's kommt schon noch viel mehr.

III
Heitschebetsch und Parmesan,
Bauerng'selcht's und saurer Rahm,
G'sundheitskuchen, Petersiel,
'ner zerhackter Besenstiel,
Zwiebelzelt'ln, Kreosot,
Zigarrenstumpen und Kompott,
Ziegelsteine pulv'risiert,
Werden mit hineingerührt;

Rebhühner und Fasanen,
Auch Fensterkitt und Gips,
Zwei ganze Faschingskrapfen,
Garniert mit Stiefelwichs,
Leoniwurst und Bselweiß,
Parkettbod'nwachs und Reis,
Ölfarb' und Anguilotti,
Zwei junge, weiße Mäus',

Sauerkraut und Sellerie,
Rettich und Fromage de Brie,
Knoblauch, Spargel und Stearin,
Weichselsaft und Zacherlin,
Kaisertinte, Schusterpapp,
Apfelmus und Salmiak,
Auch Briketts und Anthrazit,
Platzpatronen und Dynamit.

Ist dann alles drinn, was ich soeb'n hab diktiert,
Wird das Ganze mit dem Löffel umgerührt.
Glauben Sie sicher, es schmeckt wirklich delikat.
Sehn Sie, so entsteht der russische Salat.

KARL VALENTIN

nach der Melodie: »Jahrmarktsrummel« von Paul Linke

Etwas rund – na und?!

Ich war schon immer ein bisschen dick,
jetzt, mit 40, trage ich »Molly-Chic«.
Miniröcke sind sowieso nicht mein Stil,
ich mag mich, auch mit zehn Kilo »zu viel«.

Ich knabbere Konfekt,
statt Selters trink ich Sekt.
So hab' ich nicht die Linie von Lady Di,
doch mein Mann, der bleibt mir trotzdem treu.

Zum Schweinekotelett ein Gläschen Bier,
solche Genüsse, die gönne ich mir.
Ein paar Kilo mehr an Po und Busen
sind mir lieber als Süßstoff und Pampelmusen.

Ich esse immer das, was mir gerade schmeckt,
auch wenn man so niemals abspeckt.
So hatte ich nie mein Idealgewicht,
doch meinen Richard, den stört das nicht.

Über den Schlankheitswahn kann ich nur lachen,
in Größe 44 gibt's auch schöne Sachen.
Ein Stück Schwarzwälder – meine Spezialität –
ist mir lieber als eine Reisdiät.

Ja, ihr Leute, ich bin halt ein bisschen rund,
ich bin dick, aber glücklich,
also: rund, na und?!

Max, das Kaninchen, und Tusnelda, das Suppenhühnchen

Was eine Frau zum Frühstück isst,
wenn dann der Mann bei der Arbeit ist.
Dann isst sie Eier, Butter, Schinken, Mayonnaise,
der Mann bekommt zur Arbeit nur 'nen harten Käse,
und geht er dann zur Arbeit aus,
trägt sie sein Geld ins Kaffeehaus,
und kommt er abends müde heim,
kocht sie noch schnell 'nen Haferschleim.
Die Leute sagen dann so nett,
ein guter Hahn wird selten fett.

Bei uns zu Haus auf dem Balkon,
da steht ein altes Grammofon.
Darin wohnt Max, das ist unser Kaninchen,
und Tusnelda, unser Suppenhühnchen.
Und eines Nachts, da ist's passiert –
da hat der Max das Huhn verführt.
Nun stellen Sie sich das mal vor,
ein Hühnchen mit Kaninchenohr'n.
Und die Moral von der Geschicht:
ein dummes Huhn verführt man nicht!

nach der Melodie »Was eine Frau im Frühling träumt«

Doch sieht es hier so anders aus

Die Wald-Capelle

Die Frau Geheimrätin möchte ihren Urlaub in einem einsamen Dorfgasthof verbringen. Sie fährt also dorthin, spricht beim Dorfschulzen vor und lässt sich von diesem ein Zimmer nach ihrem Geschmack aussuchen. Nachdem sie eines gefunden und zugesagt hat, fährt sie nach Hause.

Dort angekommen, fällt ihr ein, dass sie vergessen hat zu fragen, ob auch ein W.C. vorhanden sei. Damit meint sie natürlich ein Wasser-Closett. Sie schreibt also dem Dorfschulzen. Dieser aber zerbricht sich den Kopf darüber, was wohl ein W.C. sein könnte. Er geht mit dem Schreiben zum Herrn Pfarrer. Dieser glaubt, damit sei wohl die neue Wald-Capelle gemeint.

Der Dorfschulze schreibt also zurück:

»Sehr geehrte Frau Geheimrätin!

W.C. ist vorhanden und liegt eine halbe Stunde vom Dorf entfernt inmitten eines herrlichen Waldstückes. W.C. ist mittwochs und sonntags geöffnet. Der Andrang ist sehr groß, doch dürfen gnädige Frau beruhigt sein, da zirka 60 Sitzplätze vorhanden sind und Ihnen ein erster Platz reserviert wird.

Sonntags empfiehlt sich der Besuch ganz besonders, weil dann die Sache mit Orgelbegleitung vor sich geht. Die Akustik ist ganz hervorragend und schon von vielen Kennern bewundert worden. Selbst der zarteste Ton ist in allen Ecken zu hören und verbreitet ein tausendfaches Echo, so dass man in Andacht versinkt und in Demut die Knie beugt. Wir haben für Besucher, denen der Weg zu zeitraubend ist und W.C. nicht schnell genug erreichen können, einen Autobusverkehr eingerichtet.«

Hochachtungsvoll, Dorfschulze

Der leidgeplagte Kurgast
(oder: Die Pferdekur)

Der Wecker klingelt – wie zu Haus,
doch sieht es hier so anders aus.
Erwartungsvoll kleid ich mich an,
und hin zum Frühstück geht es dann.

Danach zum Arzt: Ich kleid mich aus
und strecke ihm die Zunge raus.
Er untersucht mich, wo er kann –
jetzt kleide ich mich wieder an.

Zum Baden lauf ich – ei der Daus:
schon wieder kleide ich mich aus!
Steig frisch und fröhlich aus dem Nass –
und kleid mich an – macht richtig Spaß!

Daheim – ich hab's schon richtig raus,
zum Ruhen kleide ich mich aus!
Zwei Stunden – wie die Zeit verrann,
jetzt kleide ich mich wieder an!

Und hin zum Essen – dann zurück,
die Mittagsruhe, welch ein Glück!
Ich kleid mich also wieder aus
und schlaf zwei Stunden nach dem Schmaus.

Nun kleid ich mich, o Mann, o Mann,
doch tatsächlich schon wieder an!
Was soll ich Worte groß verlieren,
ich kleid' mich aus, jetzt zum Massieren.

Der Schweiß mir von der Stirne rann,
ich kleide abermals mich an.
Und schließlich nach dem Abendbrot
wank ich nach Hause schon halb tot.

Ich kleid mich aus und sink ins Bett,
denk grade noch, jetzt träum ich nett,
da bin ich selbst im Schlafe dran:
Ich stehe auf, ich kleid mich an.

Schlafwandeln tu ich übers Dach.
Ich kleid mich aus und werde wach:
Es ist mir kalt, ich kleid mich an.

Am nächsten Tag ich mich besann:
Vier Wochen solche Prozedur
ist eine wahre Pferdekur!

Touristengebet

Himmlischer Vater, sieh herab auf uns, Deine bescheidenen, gehorsamen Touristendiener, die dazu verdammt sind, diese Erde zu bereisen, zu fotografieren, Postkarten abzuschicken, Souvenirs zu kaufen und in pflegeleichter Unterwäsche herumzulaufen.

Wir bitten Dich, o Herr, aufzupassen, dass unser Flugzeug nicht entführt wird, unser Gepäck nicht verloren geht und unser Übergewicht nicht bemerkt wird.
Gib uns göttliche Führung in der Suche nach unseren Hotels, dass unsere vorbestellten Zimmer frei und sauber sind, und wenn irgend möglich, dass es heißes Wasser gibt.
Wir beten, dass die Telefone funktionieren, die Vermittlung unsere Sprache spricht und dass keine Post von unsern Kindern auf uns wartet, die uns zwingt, nach Hause zu fahren.

Führe uns, o Gott, in gute und billige Restaurants, wo das Essen vorzüglich ist, die Kellner freundlich und der Wein im Preis mit inbegriffen.
Gib uns die Weisheit, korrekte Trinkgelder zu geben in Währungen, die wir nicht verstehen. Verzeih uns, wenn wir aus Unwissenheit zu wenig geben oder zu viel aus Furcht. Lass die Einheimischen uns lieben für das, was wir sind, und nicht für das, was wir ihren weltlichen Gütern hinzufügen können.

Gib uns die Kraft, die Museen, Kathedralen und Schlösser zu besuchen, die in den Reiseführern als ein »Muss« angegeben sind. Und wenn wir einmal ein historisches Denkmal verpassen, um ein Mittagsschläfchen zu halten, habe Gnade, denn unser Fleisch ist schwach.

Der nächste Teil ist für die Ehemänner bestimmt:

Lieber Gott, halte unsere Frauen fern von Einkäufen und behüte sie vor günstigen Gelegenheiten, die sie weder brauchen noch sich leisten können. Führe sie nicht in Versuchung, denn sie wissen nicht, was sie tun.

Der nächste Teil ist für die Ehefrauen bestimmt:

Allmächtiger Vater, bewahre unsere Männer davor, fremden Frauen nachzuschauen und sie mit uns zu vergleichen. Beschütze sie davor, sich in Cafés und Nachtclubs aufzuspielen. Vor allem aber, vergib ihnen nicht ihre Schuld, denn sie wissen genau, was sie tun.

Zusammen:

Und wenn unsere Reise zu Ende geht und wir zu unseren Lieben zurückkehren, gib uns die Gunst, jemanden zu finden, der sich unsere Fotos und Filme ansieht und unseren Erzählungen zuhört, so dass unser Leben als Touristen nicht umsonst gewesen ist.

Amen

Aus Haus und Hütten strahlt es hell

Sankt Niklas' Auszug

Sankt Niklas zieht den Schlafrock aus,
Klopft seine lange Pfeife aus
Und sagt zur heiligen Kathrein:
»Öl mir die Wasserstiefel ein,
Bitte, hol auch den Knotenstock
Vom Boden und den Fuchspelzrock,
Die Mütze lege obendrauf
Und schütt dem Esel tüchtig auf,
Halt auch mein Sattelzeug bereit;
Wir reisen, es ist Weihnachtszeit.
Und dass ich's nicht vergess', ein Loch
Ist vorn im Sack, das stopfe noch!
Ich geh derweil zu Gottes Sohn
Und hol mir meine Instruktion.«

Die heil'ge Käthe, sanft und still,
Tut alles, was Sankt Niklas will.
Der klopft indes beim Herrgott an.
Sankt Peter hat ihm aufgetan
Und sagt: »Grüß Gott! Wie schaut's denn aus?«
Und führt ihn ins himmlische Werkstättenhaus.

Da sitzen die Englein an langen Tischen,
Ab und zu Feen dazwischen,
Die den Kleinsten zeigen, wie's zu machen,
Und weben und kleben die niedlichsten Sachen,
Hämmern und häkeln, schnitzen und schneidern,
Fälteln die Stoffe zu zierlichen Kleidern,
Packen die Schachteln, binden sie zu

Und haben so glühende Bäckchen wie du.
Herr Jesus sitzt an seinem Pult
Und schaut mit Liebe und Geduld
Eine lange Liste. Potz Element;
Wie viel artige Kinder Herr Jesus kennt!

Die sollen die schönen Engelsgaben
Zu Weihnachten haben.
Was fertig ist, wird eingesackt
Und auf das Eselchen gepackt.
Sankt Niklas zieht sich recht warm an;
Kinder, er ist ein alter Mann,
Und es fängt tüchtig an zu schnein,
Da muss er schon vorsichtig sein.

So geht es durch die Wälder im Schritt,
Manch Tannenbäumchen nimmt er mit;
Und wo er wandert, bleibt im Schnee
Manch Futterkörnchen für Hase und Reh.

Aus Haus und Hütte strahlt es hell,
Da hebt er dem Esel den Sack vom Fell,
Macht leise alle Türen auf,
Jubelnd umdrängt ihn der kleine Hauf:
»Sankt Niklas, Sankt Niklas,
Was hast du gebracht?
Was haben die Englein
Für uns gemacht?«
»Schön Ding, gut Ding
Aus dem himmlischen Haus
Langt in den Sack; holt euch was raus!«

PAULA DEHMEL

Die Döblinger Weihnachtsgans
Einer wahren Begebenheit nacherzählt

Im Allgemeinen pflege ich nicht die Vergangenheit aufzuwärmen, doch als ich in den Schaufenstern die Weihnachtsgänse liegen sah, fiel mir ein Erlebnis ein, das zu erzählen lohnt, obgleich es schon rund vierzig Jahre zurückliegt.

In einem Vorort von Wien lebten zwei nette alte Damen. Es war schwer, sich für Weihnachten einen wirklichen Festbraten zu verschaffen. Und nun hatte eine der Damen die Möglichkeit, auf dem Lande gegen allerlei Textilien eine wohl noch magere, aber springlebendige Gans einzuhandeln. In einem Korb verpackt, brachte die Dame – nennen wir sie Fräulein Agathe – das Tier nach Hause. Und sofort begannen Agathe und ihre Schwester Emma, das Tier zu füttern und zu pflegen.

Die beiden Damen wohnten in einem Mietshaus im zweiten Stock, und niemand im Haus wusste davon, dass in einem der Wohnräume der Schwestern ein Federvieh hauste, das verwöhnt, gefüttert und großgezogen wurde. Agathe und Emma beschlossen feierlich, keinem einzigen Menschen jemals etwas davon zu sagen, und zwar aus zweierlei Gründen: Erstens gab es Neider, und zweitens wollten die beiden Damen nicht um alles mit irgendeinem nahen oder weiteren Verwandten die später möglicherweise nudelfett gewordene und dann gebratene Gans teilen.

Deshalb empfingen sie auch sechs Wochen lang – bis zum 24. Dezember – keinen einzigen Besuch. Sie lebten nur für die Gans. Und so kam der Morgen des 23. Dezember heran. Es war ein strahlender Wintertag. Die ahnungslose Gans stolzierte vergnügt von der Küche aus ihrem Körbchen in das Schlafzimmer der beiden Schwestern und begrüßte sie zärtlich schnatternd. Die beiden Damen vermieden es, sich anzusehen. Nicht weil sie böse aufeinander waren, sondern – nun, weil eben keine von ihnen die Gans schlachten wollte.

»Du musst es tun«, sagte Agathe, sprach's, stieg aus dem Bett, zog sich rasch an, nahm eine Einkaufstasche, überhörte den stürmischen Protest und verließ in rasender Eile die Wohnung.

Was sollte Emma tun? Sie murrte vor sich hin, dachte nach, ob sie vielleicht einen Nachbarn bitten sollte, der Gans den Garaus zu machen, aber – wie gesagt – man hätte dann eben einen großen Teil von dem gebratenen Vogel abgeben müssen. Also schritt Emma zur Tat, nicht ohne dabei wild zu schluchzen.

Als Agathe nach geraumer Zeit zurückkam, lag die Gans auf dem Küchentisch, ihr langer Hals hing wehmütig pendelnd herunter. Blut war keines zu sehen, aber dafür alsbald zwei liebe alte Damen, die sich schluchzend umschlungen hielten.

»Wie … wie«, schluchzte Agathe, »hast du es denn gemacht?«

»Mit – mit Veronal!«, weinte Emma. »Ich hab ihr einiges Schlafpulver auf einmal gegeben, und jetzt ist sie … Huuuu … ruuupfen musst du sie … huuuu.« Nachdem sich die beiden, eng umschlungen auf dem Sofa sitzend, ausgeweint hatten, raffte sich Agathe auf und begann, den noch warmen Vogel systematisch zu rupfen. Federchen auf Federchen schwebte in eine Papiertüte, die die unentwegt weinende Emma hielt. Zum Ausnehmen konnte sich keine entschließen. So kam man überein, da es mittlerweile spätabends geworden war, das Ausnehmen der Gans auf den nächsten Tag zu verschieben.

Am zeitigen Morgen wurden Agathe und Emma geweckt. Mit einem Ruck setzten sich die Damen gleichzeitig im Bett auf und stierten mit aufgerissenen Augen und offenen Mündern auf die offen gebliebene Küchentür. Herein spazierte, zärtlich schnatternd, wenn auch zitternd und frierend, die gerupfte Gans! Bitte, es ist wirklich wahr! Hören Sie nur weiter. Es kommt nämlich noch besser.

Als ich am Weihnachtsabend zu den beiden alten Damen kam, um ihnen noch rasch zwei kleine Päckchen zu bringen, kam mir ein vergnügt schnatterndes Tier entgegen, das ich nur des Kopfes wegen als Gans ansprechen konnte. Denn das ganze Federvieh steckte in einem liebevoll gestrickten Pullover, den die beiden alten Damen in rasender Eile für ihren Liebling gefertigt hatten. Ich habe die Geschichte, gleich nachdem sie passierte, im Rundfunk erzählt. Wahre Scharen pilgerten damals hinaus nach Döblingen, um die Pullovergans zu sehen. Sie lebte sieben ganze Jahre, und dann starb sie eines natürlichen Todes. Heftig betrauert von den beiden Schwestern, die von einem Gansbraten nie wieder etwas wissen wollten.

Maria Branowitzer

Die Weihnachtsmaus

Die Weihnachtsmaus ist sonderbar
(Sogar für die Gelehrten),
Denn einmal nur im ganzen Jahr
Entdeckt man ihre Fährten.

Mit Fallen oder Rattengift
Kann man die Maus nicht fangen.
Sie ist, was diesen Punkt betrifft,
Noch nie ins Garn gegangen.

Das ganze Jahr macht diese Maus
Den Menschen keine Plage.
Doch plötzlich aus dem Loch heraus
Kriecht sie am Weihnachtstage.

Zum Beispiel war vom Festgebäck,
Das Mutter gut verborgen,
Mit einem Mal das Beste weg
Am ersten Weihnachtsmorgen.

Das sagte jeder rundheraus:
Ich hab es nicht genommen!
Es war bestimmt die Weihnachtsmaus,
Die über Nacht gekommen!

Ein andres Mal verschwand sogar
Das Marzipan vom Peter,
Was seltsam und erstaunlich war,
Denn niemand fand es später.

Der Christian rief rundheraus:
Ich hab es nicht genommen!
Es war bestimmt die Weihnachtsmaus,
Die über Nacht gekommen!

Ein drittes Mal verschwand vom Baum,
An dem die Kugeln hingen,
Ein Weihnachtsmann aus Eierschaum
Nebst andren leckren Dingen.

Die Nelly sagte rundheraus:
Ich habe nichts genommen!
Es war bestimmt die Weihnachtsmaus,
Die über Nacht gekommen!

Und Ernst und Hans und der Papa,
Die riefen: Welche Plage!
Die böse Maus ist wieder da,
Und just am Feiertage!

Nur Mutter sprach kein Klagewort,
Sie sagte unumwunden:
Sind erst die Süßigkeiten fort,
Ist auch die Maus verschwunden!

Und wirklich wahr: Die Maus blieb weg,
Sobald der Baum geleert war,
Sobald das letzte Festgebäck
Gegessen und verzehrt war.

Sagt jemand nun, bei ihm zu Haus –
Bei Fränzchen oder Lieschen –

Da gäb es keine Weihnachtsmaus,
Dann zweifle ich ein bisschen!

Doch sag ich nichts, was jemand kränkt!
Das könnte euch so passen!
Was man von Weihnachtsmäusen denkt,
Bleibt jedem überlassen!

JAMES KRÜSS

Kennst du die Schwaben –
Texte und Lieder zum Mitmachen

Der Kutscher

Teilnehmer (insgesamt 10 Personen):
Erzähler/Vorleser
der König, die Königin
der Kutscher, die Pferde
die Karosse (das rechte und linke Vorderrad,
das rechte und linke Hinterrad)

Karosse Hinterrad	Karosse Hinterrad

Königin König

Kutscher

Karosse Vorderrad	Karosse Vorderrad

(linkes) Pferd   (rechtes) Pferd

Die Königin sagte zum König: Lass uns einen Ausflug machen.
Also sprach der König zum Kutscher: Hole die Karosse heraus
und spanne die Pferde an! Als der Kutscher die Pferde – zuerst
das linke, dann das rechte Pferd – vor die Karosse gespannt hatte,
nahmen der König und die Königin in der Karosse Platz.
Da sagte der König: Kutscher (es war schon ein etwas älterer,
schwerhöriger Kutscher; deshalb musste der König auch immer

zweimal Kutscher rufen) – der König sagte also: Kutscher – Kutscher, lasse die Pferde antraben. Das rechte Pferd setzte sich sogleich in Bewegung, während das linke Pferd sich erst nach einem Peitschenhieb des Kutschers in Bewegung setzte.

Die Karosse polterte über den steinigen Weg. Da sagte die Königin zum König: Sage dem Kutscher, er möge langsamer fahren. Er, der König, sprach also zum Kutscher: Mein lieber Kutscher – Kutscher, lasse die Pferde langsamer laufen, die Karosse schaukelt zu sehr, so dass der Königin übel wird. Der Kutscher zügelte die Pferde! Doch plötzlich schlug das rechte Vorderrad der Karosse in ein tiefes Loch und die Königin erschrak!

Die Karosse drohte umzustürzen. Jedoch die Geistesgegenwart des Kutschers verhinderte ein Umstürzen der Karosse; der Kutscher hatte die Pferde voll im Griff.

So sprach der König zum Kutscher: Ach, du mein lieber Kutscher – Kutscher, das hast du gut gemacht!

Bei diesem Vorfall hatte die Vorderachse der Karosse einen Knacks bekommen. Die Fahrt konnte jedoch mit einem leicht defekten linken Vorderrad und rechten Hinterrad fortgesetzt werden.

Nach einer guten Stunde Fahrt in der Karosse sagte die Königin zum König: Lass uns umkehren! Der König befahl dem Kutscher: Kutscher – Kutscher, mein lieber Kutscher, drehe um! Und der Kutscher zügelte die Pferde und wendete die Karosse.

Doch plötzlich kam ein Gewitter auf, und der König sagte zum Kutscher: Kutscher – Kutscher, lass uns im nahe gelegenen Gasthof einkehren und die Pferde und Karosse unterstellen, denn die Königin hat Angst vor dem Gewitter. Der Kutscher steuerte daraufhin mit der Karosse den Gasthof an. Der Kutscher stellte zuerst das linke Pferd, dann das rechte Pferd in den Stall und die Karosse davor.

Die Königin, der König und der Kutscher gingen in den Gasthof, um hier zu verweilen.

Und wenn sie nicht gestorben sind, so sitzen sie noch heute im ... (*zum Beispiel örtliches Gasthaus erwähnen*)

In der Regel sollten die Personen bei Nennung ihrer Funktion eilig um den Stuhl herumlaufen und sich sofort wieder hinsetzen (bis zu ihrem nächsten Stichwort). Es reicht auch ein schnelles Aufstehen und Hinsetzen auf den Stuhl.

Hilfreich – und zum eigenen Vergnügen – ist eine Ausstattung der Aktiven mit Hüten, Kronen, Mützen, Peitsche etc.

Wenn Sie mit Zuschauern arbeiten möchten, empfiehlt es sich, die Akteure vorher über ihre genaue Funktion zu unterrichten – dabei können Sie Personen mit komödiantischen Fähigkeiten ausgezeichnet nach Ihrer Vorstellung einsetzen.

Das Lied vom Bett

Ohne Schlaf wäre das Leben nicht komplett,
drum singen wir jetzt einmal … das Bett …

Wo ist es am schönsten auf unserer Welt?
    Im Bett, im Bett, im Bett.
Wo ist's, was den Menschen am besten gefällt?
    Im Bett, im Bett, im Bett.
Wo wird man geboren, wo endet das Sein?
Wo geht man schwer raus, aber leicht wieder rein?
    Ins Bett, ins Bett, ins Bett.

Wo ist man zufrieden und sorglos und froh?
    Im Bett, im Bett, im Bett.
Wo schläft man noch ruhiger als im Büro?
    Im Bett, im Bett, im Bett.
Wo gibt's keinen Ärger, wo hat man noch Zeit?
Wo hat man es auf die Toilette nicht weit?
    Im Bett, im Bett, im Bett.

Wo braucht man nicht grüßen, wo gibt's kein Tamtam?
    Im Bett, im Bett, im Bett.
Wo braucht man kein Licht und findet dies nett?
    Im Bett, im Bett, im Bett.
Wo braucht man kein Hemd, und wo drückt auch kein Schuh,
Wo schau'n einem beim Essen die Nachbarn nicht zu?
    Im Bett, im Bett, im Bett.

Wo braucht man nicht bürsten das lockige Haar?
    Im Bett, im Bett, im Bett.
Wo gibt's noch Verkehr – ohne Lebensgefahr?
    Im Bett, im Bett, im Bett.
Wo kann man getrost ohne Smoking dinieren,
Wo kann man auch mal seine Hosen verlieren?
    Im Bett, im Bett, im Bett.

Wo endet doch meistens ein Rendezvous?
    Im Bett, im Bett, im Bett.
Wo werden zwei Menschen fast immer per du?
    Im Bett, im Bett, im Bett.
Wo hat man bis heute Maschinen nicht gern?
Wo ist noch die alte Methode modern?
    Im Bett, im Bett, im Bett.

    Ein Ärger wär's, wenn man's nicht hätt'!
    Das Bett, das Bett, das Bett!

nach der Melodie: »Es klappert die Mühle …«

Ein bisschen Joghurt, ein bisschen Kleie

Einmal in der Woche geh'n wir aus dem Haus,
wir machen Gymnastik, das hält keiner aus.
Es wird sich gebogen und auch mal gebückt,
dann wird eine Bockwurst verdrückt.

Refrain:
Ein bisschen Joghurt, ein bisschen Kleie,
damit der Bauch auch nicht so gedeihe.
Ein bisschen Zwieback, dazu Salat,
damit der Bauch keine Chance hat.

Macht mit bei uns und trimmt euch fit,
und singt mit uns dies kleine Lied.

Die Männer sie fragen: Was ist denn nur los?
Den Frau'n passt kein Rock mehr und auch keine Hos'.
Das Gewicht geht nicht runter, warum denn nur das?
Sie trinken nur Bier und Schnaps.

Refrain: Ein bisschen ...

Esst nur so weiter, ihr werdet schon seh'n,
bald find't dich dein Mann überhaupt nicht mehr schön.
Er sucht sich 'ne andre und geht auf'n Tripp,
ich geb euch den einen Tipp.

Refrain

Es gibt nicht viele, wo der Vorsatz lang hält,
man kauft Schokolade sich wieder für's Geld.
Der Arzt sagt: Werden Sie nur nicht verzagt,
ein Mittel, und weg ist die Plag.

Refrain

Macht nur schnell wieder Gymnastik mit mir,
dann verliert ihr viel Schweiß und Pfunde hier.
Hebt doch das Bein und beugt die Knie,
das macht schlank und hält fit wie nie.

Refrain

Heut feiern wir unsere Fasenacht hier,
drum trinken wir Limo, viel Wein und auch Bier.
Wir essen Salate und Würstchen dazu,
da nimmt das Gewicht wieder zu.

nach der Melodie: »Ein bisschen Frieden ...« (Nicole)

A bissle Mehl (Spätzlelied)

Kennst du die Schwaben an ihrem Gesicht?
Nein? Aber sicher an ihrem Gericht!
Des send die Denger, die Spätzle genannt,
gedrückt oder geschabt von Hand.

A bissle Mehl ond a bissle Oier,
a bissle Wasser, a bissle Salz,
a bissle schlaga, a bissle schaba,
no gibt's des Spätzle, ja Gott erhalt's!

Sing mit mir das Spätzlelied,
das durchs ganze Ländle zieht:

A bissle Mehl …

So wie a Spätzle zu Hause entsteht.
So wie's im schwäbischen Kochbuch nur steht,
wie es der kernige Schwabe begehrt,
das sei euch heut gelehrt …

A bissle Mehl …

Schabe sie schnell in das Wasser hinein,
aber gesalzen und kochend muss sein.
Schwimmen sie oben, so fisch sie heraus,
und fertig ist der Schmaus.

A bissle Mehl …

Für Spätzle gibt der Schwoob alles her,
denn so wie Spätzle liebt er nichts mehr.
Und sei schwäbisches Herze ihm lacht,
wenn's Schätzle Spätzle macht.

A bissle Mehl …

nach der Melodie: »Ein bisschen Frieden …« (Nicole)

Ich eröffne die Verhandlung – Sketche

Die Gerichtsverhandlung
(6 Personen)

Richter (liest selbst vor und stellt die 5 Mitspieler vor)
Angeklagter (antwortet immer mit: »Ja«)
Klägerin (antwortet immer mit: »Nein«)
Zeuge (antwortet immer mit: »Ich kann mich an nichts
    erinnern.«)
Gerichtsschreiber (antwortet immer mit: »Gesiegelt und
    gestempelt!«)
Verteidiger (antwortet immer mit: »Das habe ich gemacht.«)

Richter:
    Ich eröffne die Verhandlung! (*Alle müssen aufstehen.*)
    Bitte setzen!
Zum Angeklagten:
    Angeklagter, Sie heißen Hahnentritt, sind der einzige Sohn
    und in diesem Ort geboren?
    Sie sind Vater von 6 Kindern?
    Hatten Sie intime Beziehungen mit der Klägerin?
    Und vor vier Jahren Zwillinge?
Zur Klägerin:
    Stimmt das?
    Was, Sie kennen den Herrn gar nicht?
    Sie hatten also kein Verhältnis miteinander?
Zum Zeugen:
    Sie sind Herr Mösbach?
    Sind Sie vor 25 Jahren in Knallheim geboren?
    Wie heißen Ihre Eltern?
    Nun zur Sache. Sie haben dort eine Nachtparty miterlebt?
    Können Sie mir sagen, wie es da zugegangen ist?

Wann waren Sie das letzte Mal nüchtern?

Schildern Sie mir Ihre Vergangenheit.

Zum Gerichtsschreiber:

Haben Sie alles notiert?

Das zusammengetragene Material ist noch unter Verschluss?

Zum Verteidiger:

Sagen Sie, Herr Verteidiger, wer hat die Untersuchung eigentlich eingeleitet?

Und wer hat die Aussprachen durchgeführt?

Sie meinen die Wahrheit herausbekommen zu haben und haben alles bis ins Einzelne überprüft?

Zum Angeklagten:

Sie waren doch bei der Party zugegen?

Sie hatten nichts weiter an als Sockenhalter und eine Schleife im Haar?

Zur Klägerin:

Sind Sie keusch? Etwas lauter bitte. Sind Sie keusch?

Sie trugen auf dieser Party nicht mehr als ein Paar Hauspantoffel?

Tragen Sie sonst mehr Kleidungsstücke zu solchen festlichen Anlässen?

Können Sie das heute hier vorführen?

Zum Zeugen:

Und Sie trugen nur gewelltes Haar?

Als Sie 24 Bier, 15 Schnäpse und 8 Glas Rotwein getrunken hatten – was bemerkten Sie da?

Zum Angeklagten:

Sie trugen einen Bauchtanz auf dem Tisch vor?

Sind Sie sehr gelenkig?

Üben Sie dies zu Hause öfter?

Waren Ihre Eltern von Ihrer Kunst entzückt?

War oder ist die Klägerin rassig oder feurig?

Zum Verteidiger:

Haben Sie sich einige Notizen gemacht?

Haben Sie schon einen Schlussstrich gezogen?

Sie waren doch an diesem Abend ebenfalls auf dieser Party?

Haben Sie sich das Treiben ein wenig angesehen?

Wer berührte nun die Klägerin unsittlich?

Und wer veranlasste, dass die restlichen Kleidungsstücke abgelegt und als Zimmerdekoration verwendet wurden?

Zum Gerichtsschreiber:

Sie hatten doch einen Auftrag, das Fest zu beobachten?

Was hat denn der Angeklagte mit der Klägerin in der Speisekammer gemacht?

Was haben Sie mit der Köchin im Hausflur gemacht?

Aber Sie sollten doch nach dem Verteidiger sehen. Wie sah er denn aus?

Zum Verteidiger:

Wer ließ denn die Gäste eine Polonaise auf der Straße unter der Laterne tanzen?

Und wer hat die schmutzigen Witze erzählt?

Zur Klägerin:

Sie sagten doch, Sie hätten keine Kinder und auch kein Verhältnis mit einem der Herren gehabt?

Dann sind Sie also noch Jungfrau?

Zum Angeklagten:

Haben Sie jemand mit der Klägerin verkehren sehen?

Haben Sie Nebenbuhler?

Sind diese hier im Raum?

Zum Zeugen:

Sie hatten doch ein Liebesabenteuer mit der Klägerin?

Tun Sie das öfter?

Und weiß Ihre Frau davon?

Wann hatten Sie das letzte Erlebnis mit Ihrer Frau?

∼ 123 ∼

Zum Gerichtsschreiber:

Sie haben doch vorhin etwas bemerkt?

Was taten die Klägerin und der Verteidiger in der Kanzlei?

Da hat doch der Herr Verteidiger die Klägerin in der Kanzlei …

Zum Verteidiger:

Stimmt das?

Wer ist denn nun der Vater der Zwillinge?

Und wer hat die Köchin in den Hintern gebissen?

Und wer hat die ganze Schweinerei entdeckt?

Richter:

Das genügt. Damit ist die Beweisaufnahme abgeschlossen.

Ich komme zur Urteilsverkündung:

Erheben Sie sich bitte!

Im Namen des Volkes ergeht folgendes Urteil: Der Angeklagte wird freigesprochen, muss aber seiner Frau ewige Treue schwören und dass so etwas nicht noch einmal vorkommt.

Der Zeuge zahlt eine Runde Eierlikör für die Damen und versucht sich seiner Frau zu erinnern.

Der Gerichtsschreiber zahlt eine Runde Dauerlutscher für die Herren. So! Wahr gesiegelt und gestempelt!

Der Verteidiger wird für schuldig befunden. Er zahlt die Gerichtskosten und je Kind 9 Packungen Windeln sowie 13 Strampelhosen und für uns alle eine Lokalrunde!

Damit ist die Verhandlung abgeschlossen. Ich danke Ihnen.

Das Theologie-Examen
Schwank für 3 Personen: Professor, Kandidat, Vater des Kandidaten

1. Bild

Professor sitzt an einem Tisch. Ein zweiter Stuhl steht ihm gegenüber.
Es klopft.

Professor: Herein!

Kandidat kommt sehr unsicher und verlegen herein. Aus jeder
Tasche guckt ein Spickzettel.

Kandidat: Guten Tag, Herr Professor, hier bin ich.

P.: Ja, das sehe ich. Guten Tag, Herr Kandidat. Also, weil Sie der
Sohn meines besten Freundes sind, will ich Ihnen nur drei
ganz leichte Fragen stellen. Wenn Sie die beantworten,
haben Sie bestanden. Die Zettel da, die lassen Sie mal stecken,
die brauchen Sie nicht. Ach, waren das noch Zeiten, als ich
mit Ihrem Herrn Vater in Heidelberg über'n Philosophen-
weg gestolpert bin, hahaha!

K.: Ja. Mein Vater hat auch schon eine Flasche Wein kalt gestellt.

P.: Na, wunderbar! Also, dann wollen wir mal beginnen!
Herr Kandidat, wer ist der Verfasser des Matthäus-Evangeliums?

K.: (*guckt sehr dumm*) Des Matthäus-Evangeliums? Äh, also, ach
so, ja, Doktor Martin Luther!

P.: Nein, Herr Kandidat, der hat es übersetzt. Hören Sie doch
zu: der Verfasser des Matthäus-Evangeliums.

K.: Äh, ja, also, Jesus!

P.: Nein, Herr Kandidat, des (*laut*) Matthäus-Evangeliums!

K.: Also, äh, das weiß ich nicht.

P.: Na, dann versuchen wir erst mal die zweite Frage:
Wer ist der Erbauer der Arche Noah?

K.: Äh, ja, also, Elias.

P.: Nein, Herr Kandidat, das war ein Prophet. Hören Sie doch zu: Erbauer der Arche (*laut*) Noah!

K.: Gottvater selbst.

P.: Nein, Herr Kandidat, das ist doch nun wirklich nicht schwer!

K.: Also, das weiß ich nicht, da hab ich wahrscheinlich gerade gefehlt. Also da im Februar, da hatte ich eine sehr schlimme Grippe!

P.: Also dann versuchen wir's mal mit der dritten Frage: Wer ist der Vater der Söhne des Zebedäus?

K.: Also, äh, Josef.

P.: Herr Kandidat, nun, Ihr Herr Vater hat eine Flasche Wein kalt gestellt. Hören Sie doch zu: der Vater der Söhne des (*laut*) Zebedäus!

K.: Tut mir Leid, das weiß ich nicht.

P.: Also, dann tut's mir auch Leid. Aber dann haben Sie leider nicht bestanden. Trotzdem: Grüßen Sie Ihren Vater von mir.

Kandidat geht belämmert ab. Vorhang.

2. Bild

Vater läuft im Zimmer herum. Auf einem Tisch, an dem rechts und links je 2 Stühle stehen, steht eine Flasche Wein.

Vater: Ach, ist es nicht schön, wenn man so'n Sohn hat, der jetzt Examen macht und sicher bestehen wird, mein Freund hat mir ja versprochen, dass er ihm ganz leichte Fragen stellen wird. Ach, ich glaube, ich hör ihn schon!

Kandidat bzw. Sohn kommt rein, sehr niedergeschlagen.

Sohn: Durchfall!

V.: Was? Das darf doch nicht wahr sein! Mein Freund hat mir doch versprochen, nur ganz leichte Fragen zu stellen!

S.: Von wegen! Die waren ja sooo schwer!

V.: (*setzt sich*) Setz dich erst mal. Was hat er dich denn gefragt?

S.: Der wollte wissen, wer der Verfasser des Matthäus-Evangeliums war. Das Evangelium kenn ich ja, aber wer weiß schon, wer der Verfasser war!

V.: Das hast du nicht gewusst?! Sieh mal, das ist doch ganz einfach: Wer ist denn zum Beispiel der Verfasser von Schillers »Glocke«?

S.: (*guckt erst dumm, dann strahlt er*) Aaaaach, so ist das, natürlich, alles klar!

V.: Na siehste. Und was hat er noch gefragt?

S.: Der wollte wissen, wer der Erbauer der Arche Noah war.

V.: Und das haste nicht gewusst?

S.: Neiiin!

V.: Das ist doch ganz einfach. Sieh mal: Wer ist denn der Erbauer des Friseursalons Schmidt?
(*kann man variieren und ein Geschäft im Ort nennen, das alle Zuschauer kennen*)

S.: (*guckt verdutzt, strahlt dann*) Aaaaach, klar, natürlich, prima, wunderbar!

V.: Siehste. Und was hat er noch gefragt?

S.: Dann wollte er noch wissen, wer der Vater der Söhne des Zebedäus war.

V.: Das haste auch nicht gewusst?! Das ist doch so einfach! Sieh mal: Wer ist der Vater von … (*hier muss der Name des Schauspielers erwähnt werden, der die Rolle des Sohnes übernommen hat, z.B. Müllers Franzl*)?

S.: Aaaaach, so ist das! Hahaha! Na dann ist ja alles klar!

V.: Siehste. Nun gehste wieder hin, sagst ihm, du wärst vorhin zu aufgeregt gewesen, er soll dich nochmal prüfen, und dann stellst du dich nicht so dumm an! Du weißt doch, ich hab eine Flasche Wein kalt gestellt, ich stell sie jetzt noch mal in den Kühlschrank. Ab mit dir!
Sohn geht raus. Vorhang.

3. Bild

Professor sitzt am Tisch, liest etwas. Es klopft.

P.: Herein!

K.: (*kommt ganz selbstsicher herein, setzt sich auf den Stuhl gegenüber des Professors, schlägt die Beine übereinander*) Tag, Herr Professor! Ich war vorhin etwas aufgeregt, aber jetzt bin ich okay. Fragen Sie mal!

P.: Na, Gott sei Dank! Also, weil Sie der Sohn meines besten Freundes sind, will ich Ihnen nochmal die drei ganz leichten Fragen stellen. Herr Kandidat, wer war der Verfasser des Matthäus-Evangeliums?

K.: Schiller!

P.: (*guckt entgeistert*) Herr Kandidat, der Verfasser des Matthäus-Evangeliums!

K.: Schiller, wie ich schon sagte.

P.: Das darf doch nicht wahr sein! Also dann erst mal die zweite Frage: Wer ist der Erbauer der Arche Noah?

K.: Der Friseur Schmidt! (*bzw. der Eigentümer des ortsbekannten Geschäfts*)

P.: Herr Kandidat, machen Sie mich nicht wahnsinnig! Der Erbauer der Arche Noah, (*sehr laut*) Noah!

K.: Herr Professor, ich bin nicht schwerhörig, aber Sie offenbar. Ich sagte doch schon: (*sehr laut*) der Friseur Schmidt!

P.: (*vollkommen verzweifelt und nach Luft schnappend*) Wer … wer ist der Vater … der Söhne … des Zebedäus?

K.: Mein Vater!

P.: (*bricht zusammen, legt völlig erschöpft den Kopf auf die Arme*)

K.: (*zum Publikum gewandt*) Also, könnt ihr mir sagen, was mit dem da los ist? Hab alles gewusst, und der sitzt da und flennt! Ich glaub, der hat alles selbst nicht gewusst und mich deshalb das alles gefragt!

Na, nun weiß er's ja. Adieu!

Beide gehen ab. Sohn kommt nochmal hervor und sagt zum Publikum: Seht ihr, so wär's mir ergangen, wenn ich Theologie studiert hätte. Deshalb bin ich vorsichtshalber ... (*nennt seinen eigenen Beruf*) geworden, da werden bei der Prüfung nicht so schwere Fragen gestellt!

Ende

Das musikalische Verhör

Richter: Sie sind angeklagt, einen Mädchenraub begangen zu haben. Beantworten Sie mir wahrheitsgemäß folgende Fragen. Zunächst möchte ich Auskunft über Ihre Person haben. Wie heißen Sie?
Vagabund: Hänschen Klein.

R.: Wo sind Sie geboren?
V.: O Straßburg, du wunderschöne Stadt.
R.: Was sind Sie von Beruf?
V.: Ein Jäger aus Kurpfalz.
R.: Berichten Sie mir wahrheitsgemäß über den ganzen Verlauf der gesetzwidrigen Handlung. Wo haben Sie das Mädchen getroffen?
V.: Im Wald und auf der Heide.
R.: Wie haben Sie das Mädchen aus dem Wald gelockt?
V.: Mädel, ruck, ruck, ruck an meine grüne Seite.
R.: Haben Sie sich keine Vorwürfe gemacht, das einsame Mädchen zu überfallen?
V.: Das kann doch einen Seemann nicht erschüttern.
R.: Wie heißt das Mädchen?
V.: Rosemarie, Rosemarie.
R.: Sind irgendwelche Zeugen aufzuweisen?
V.: Alle Vögel sind schon da.
R.: Waren das die einzigen Zeugen?
V.: Ein Männlein steht im Walde.
R.: Um welche Zeit geschah das?
V.: Es dunkelt schon in der Heide.
R.: Was sagten Sie zuletzt zu dem Mädchen?

V.: Du, du liegst mir am Herzen.

R.: In welchem Verhältnis stehen Sie zu dem Mädchen?

V.: Wir gehören zusammen, wie der Wind und das Meer.

R.: So, dann haben Sie vor, das Mädchen zu heiraten?

V.: Über's Jahr, wenn die Kornblumen blühen.

R.: Im nächsten Jahr meinen Sie, das Gefängnis zu verlassen. Sie sind ja wegen Herumstreichens angeklagt. Wie denken Sie darüber?

V.: Es geht alles vorüber.

Die Schwerhörigen

Anna:

Wie lieblich heut die Vöglein singen, mein Herz tut mir vor Freud zerspringen. Hier sitze ich oft stundenlang und hör den wunderbaren Sang. Denn musikalisch, wie ich bin, hab ich für solche Weisen Sinn. Ich hör auch gar nicht mehr so schlecht, fast jeden Ton versteh ich recht. Der Frühling macht mich wieder jung, welch liebliche Erinnerung, an Maienzeit und Jugendlust weckt dieses Lied in meiner Brust.

Ja, so um diese schöne Zeit, hat mancher Mann um mich gefreit. Ich hatte einen schweren Stand, ich war das schönste Kind im Land. Und weil ich gar so stark umworben, so hab ich das Gehör verdorben. Kein Wunder, wenn auch jeden Tag ein Mann mir in den Ohren lag und mich mit Bitten heiß beschwor, so kam das Leiden in mein Ohr. Das ist noch gar nicht lange her, und seitdem hör ich etwas schwer. Ei – kommt nicht meine Freundin dort, da steck ich schnell mein Hörrohr fort. Die Gute braucht das nicht zu seh'n, ich werde sie auch so versteh'n. Sonst weiß die ganze Stadt davon, denn bissig war sie immer schon.

Ursula:

Ich glaub, ich hab mich nicht geirrt, hier ist es, wo gesungen wird. Das könnte fast die Anna sein, da steck ich schnell mein Hörrohr ein. Weiß die mein Leiden in dem Ohr, wirft sie mir gleich das Alter vor. Es gibt kein Wesen in der Stadt, das so ein böses Mundwerk hat.

A.: Ach Ursula, ach welche Freud.

U.: Ja, herrlich ist das Wetter heut.

A.: Ich hab dich lang nicht mehr geseh'n.

U.: Ha, ha, ich kann dich gut versteh'n.

A.: Du hast ja einen neuen Hut.

U.: Ich bin zufrieden, mir geht's gut.

A.: Und was macht die Familie?

U.: Nein, nicht die Emilie,
der Oskar war's, der ist krepiert.

A.: Da hab ich ja noch gar nicht gratuliert,
von Herzen alles Gute dir.

U.: Es war ein seelentreues Tier.
Mein lieber, guter, alter Kater.

A.: Oh, danke, gut geht's meinem Vater.
Er ist gottlob noch recht gesund.

U.: Ganz recht, ein großer, alter Hund
hat meinen Kater halb zerrissen.

A.: Wer hat meinen Vater da gebissen?
Das ist mir gänzlich unbekannt.

U.: Der Kerl war außer Rand und Band,
und als er meinen Kater sah –

A.: Ja, gestern war mein Vater da,
er trank bei mir ein Tässchen Tee.

U.: ... da sprang er wütend in die Höh
und stürzte schnell sich auf mein Tier.

A.: Mein Vater trinkt kein helles Bier,
das muss gewiss ein Irrtum sein.

U.: Ich trug den Kater dann hinein,
sein ganzes Fell war blutig rot.

A.: Um Gottes willen, ist er tot,
weißt du das wirklich ganz gewiss?

U.: Ja, hier am Halse saß der Biss,
der blies das Lebenslicht ihm aus.

A.: Da muss ich ja sofort nach Haus.
Mein lieber, guter, armer Vater.

U.: Ich hab ihn ausgestopft, den Kater.

A.: Es war ein seelenguter Mann.

U.: Doch weine nicht, was liegt daran.
Ich fang mir einen andern ein.
Lach doch, was willst du traurig sein?
Drum weine nicht und mach es so.

A.: So bist du auch noch schadenfroh.
Das sieht dir gleich, du bist gemein.

U.: Oh ja, der Braten, der war fein,
ein bisschen zäh, sonst aber gut.

A.: Sei still, ich platze sonst vor Wut.
Hast du denn nie ein Herz besessen?

U.: Es war ein billiges Mittagessen.

A.: Dein Vater ist doch auch gestorben.

U.: Nein, nein, ich hab mich nicht verdorben.

A.: Ich kann vor Zorn kein Wort versteh'n.
(*Holt das Hörrohr.*)

U.: Da lass ich auch mein Hörrohr seh'n.

A.: Du ganz gemeines Frauenzimmer.

U.: Was sagst du?

A.: Ja, ein Frauenzimmer.

U.: Nimm das zurück.

A.: Fällt mir nicht ein, du bist mir wirklich zu gemein.

U.: Ich glaub, du bist nicht bei Verstand.

A.: Es ist nur schad um meine Hand,
sonst kriegst du eine ins Gesicht.

U.: Ich zeig dich an bei dem Gericht.

A.: Das wird zuerst von mir getan.

U.: Ich bin noch lang nicht so wie du.

A.: Ja, lüg nur immer fest drauf zu,
hat dich mein Unglück nicht gerührt?

U.: Dein Unglück? Sag, was ist passiert.

A.: Du hast es ja erzählt von meinem Vater.

U.: Ich hab erzählt von meinem Kater.

A.: Von deinem Kater?

U.: Ja, warum?

A.: Ach du, wie geht es oft so dumm.
Ich hab gedacht, mein Vater wurde umgebracht.

U.: Da weiß ich nichts!

A.: Ach dieses Glück!

U.: Dann nimmst du alles auch zurück?

A.: Ach freilich, komm verzeih mir.
Ach Ursula, wie lieb ich dich.

U.: Ich liebe dich so wie du mich.
Komm mit und sieh den Kater an,
der hatte nur noch einen Zahn.

Hutmodenschau

Man nennt mich die Chefin des Salon Madeleine,
an dem keine Frau achtlos kann vorübergehn.
Mein Name ist weltbekannt,
weil ich nur exquisite Modelle erfand.

Jede Frau wünscht sich doch zweimal im Jahr
einen neuen Hut, das ist doch klar.
Und teuer sind sie auf alle Fälle,
die meisten der bezaubernden Modelle.
Und mancher Mann seufzt bang und schwer:
Wo nehm ich hierfür nur die Moneten her?

Drum hab ich kurz entschlossen gesagt:
Diesem Seufzen wird ein Ende gemacht!
Meine Modelle sind preiswert und schick,
Sie werden es sehen auf den ersten Blick.
Heute werden Ihnen viele Tipps gegeben,
heute können Sie modisch etwas erleben!

– *Brotkörbchen* –
Sind Sie also mit einer Kopfbedeckung in Not,
dann tut's solch ein Körbchen …
    sonst nimmt man's fürs Brot.
Recht flott garniert und zurechtgemacht
kann man es tragen bei Tag und Nacht.

Die Mannequins führen die übrigen Modelle vor,
sind Sie ganz Auge, sind Sie ganz Ohr!

1. Modell »Capriosa« – *Übertopf*
Seht her, was trägt die Dame auf dem Kopf?
Es ist tatsächlich ein Übertopf!
Mit bunten Blumen zart umwunden,
hat es noch jeder bezaubernd gefunden.
Äußerst preiswert und doch elegant
ist, was die Mode hier erfand.
Und, sehen Sie meine Herrschaften,
   wie hübsch es kleidet!
Ich wette, wer es trägt, wird mächtig beneidet.

2. Modell »Bellevue« – *Konservendose*
Was Madam hier trägt mit aparter Chose,
ist eine biedere Konservendose.
Von großen Kosten keine Spur
bei dieser herzhaften Garnitur.
Wie nobel wirkt sie, wie angezogen,
ein wenig kokett, ein wenig verwogen.
Sie kleidet den Backfisch wie die Großmama,
und zu jedem Kostüm ist sie passend da!

3. Modell »Ergee« – *Herrenhut*
Es kleidet wohl jede Frau sehr gut
auch ihres Mannes Sonntagshut.
Der Schmuck stammt aus dem Handwerkskasten,
vorn und seitwärts hingenäht, ohne Hasten.
Die ganze Woche die Frau dieses Modell strapaziert,
zum Wochenende wird es dann wieder abgarniert.
Am Samstag braucht das Werkzeug der liebe Mann …
und sonntags zieht den Hut
   er wieder zum Kirchgang an.

4. Modell »Sporty« – *Schirmmütze*
Wie finden Sie dieses entzückende Gebilde?
Man trägt es gern auf sportlichem Gefilde.
Mit Requisiten schön garniert,
hat es schon manchen Zuschauer frappiert.
Für jede sportbegeisterte Dame
ist dieser Kopfschmuck die beste Reklame.
Vor allen Dingen auch gar nicht teuer,
ist diese Leistung nicht ungeheuer?

5. Modell »Eskimo« – *Kaffeehaube*
Für eine Reise in nördliche Gefilde
schuf ich dieses mollige Gebilde.
Eine Kaffeehaube lässt sich vielfach verwenden,
wird sie verzaubert von geschickten Händen.
Sie schützt vor Kälte die Ohren, die Stirn,
und vor Erfrieren das weiche Gehirn.
Bunte Bänder, Fantasie und Geschick –
so entsteht ein kapriziöses Meisterstück!

6. Modell »Elisa« – *Durchschlag*
Einen Durchschlag gibt's wohl in jedem Haus –
sonst borgt man sich eben einen aus.
Er passt für die Schlanken, für die Runden.
Er bringt der Trägerin frohe Stunden.
Der Ehemann wird nicht belastet sehr,
raucht lächelnd eine Havanna mehr.
Die ganze Familie ist hochbeglückt
und von diesem Modell besonders entzückt.

7. Modell »Exquisit« – *Vogelnest*
Was sagen Sie zu diesem herrlichen Geflecht?
Material und Federn kostbar und echt.
Ein Amsel-Nestchen ist des Hauptes Zier.
Mit Anmut getragen, macht es viel Pläsier.
Die Frau, die diese Schöpfung trägt,
bestimmt allen Männern den Kopf verdreht.
Und jede erlebt das große Glück
der »Liebe auf den ersten Blick«!

8. Modell »Lampion« – *Lampion*
Nachts auf den Straßen, auf den Gassen,
kann jede Frau ihr Licht leuchten lassen.
War sie zur Visite oder im Theater,
oder begegnete ihr heimlich ein schwarzer Kater,
sie kennt kein Zittern und kein Zagen.
Mit diesem Hütchen kann sie sich
    auf den Heimweg wagen.
Und schaut der Ehemann mal
    zu tief ins Glas hinein,
getreu und sicher leuchtet sie ihm heim!

Wir hoffen unsere Darbietung hat Ihnen allen,
verehrte Damen und Herren, ein wenig gefallen.
Wir brachten mit unsere schönsten Kreationen
und freu'n uns, wenn Sie uns mit Applaus belohnen.

Meine Schwester und ich –
Souvenir aus dem Krankenhaus

»So, jetzt nehmen wir unsere Tablette – und dann werden wir schön schlafen!«

»Warum nehmen denn wir die Tablette?«

»Das sagte ich doch eben – damit wir schön schlafen!«

»Ja, ist denn das erlaubt?«

»Was soll denn daran nicht erlaubt sein?«

»Ja, dass Sie jetzt ins Bett gehen!«

»Ich gehe doch jetzt nicht ins Bett. Ich habe Nachtdienst!«

»Um Gottes willen, dann können Sie doch keine Tablette nehmen!«

»Wie kommen Sie denn darauf, dass ich eine Tablette nehmen will?«

»Nein, nicht eine Ganze, aber Sie wollten doch die Hälfte von meiner, und dann wollten wir schön schlafen!«

»Sagen Sie, ist Ihnen nicht gut? Haben Sie Fieber?«

»Mir ist gut! Aber Sie sind doch hier reingekommen und haben gesagt, dass wir jetzt unsere Tablette nehmen wollen. Ich hätte Ihnen ja auch die Hälfte der Tablette abgegeben. Aber Sie haben ja Nachtdienst!«

»Das haben Sie vollkommen falsch verstanden!«

»Haben Sie denn keinen Nachtdienst?«

»Natürlich habe ich Nachtdienst. Deshalb bringe ich ja die Tabletten!«

»Kriegen Sie das nicht ein bisschen durcheinander?«

»Ich kriege überhaupt nichts durcheinander! Wir nehmen jetzt die Tablette, und dann machen wir das Licht aus!«

»Nein, bitte nicht, Schwester, erstens haben Sie Nachtdienst, und zweitens kann jemand reinkommen!«

»Ich glaube, wir müssen doch mal Fieber messen!«

»Ja, Sie zuerst.«

»Wieso ich?«

»Ja, also, zuerst messen Sie Fieber und dann ich!«

»Warum denn ich?«

»Weil ich weiß, dass ich keins habe!«

»Dann wollen wir mal den Puls fühlen!«

»Gegenseitig?«

»Wenn Sie nicht vernünftig werden, müssen wir den Professor rufen!«

»Ich rufe nicht mit!«

»Nehmen Sie jetzt die Tablette oder nicht?«

»Wollen Sie denn nichts mehr abhaben?«

»Ich will, dass Sie jetzt die Tablette nehmen, dass Sie nichts mehr fragen, dass Sie sich schön ausstrecken, sich gut zudecken und dann lange und tief schlafen. So, und nun wünsche ich Ihnen eine recht gute Nacht!«

»Danke, Schwester, das ist wirklich sehr lieb von Ihnen!«

»Ist doch selbstverständlich – wo wir morgen operiert werden!«

WOLFGANG ROMPA

Aus meinem Leben

Eigentlich wollte ich heute überhaupt nicht kommen, ich habe mich selbst geärgert, ich habe nämlich noch mal bei mir angerufen, aber ich war schon weg.

Als ich auf die Welt kam, war bei uns niemand zu Hause. Auf dem Tisch lag ein Zettel, auf dem stand, dass die Milch im Backofen sei. Meine Eltern waren auf dem Feld, Kartoffeln holen. Der Acker gehörte zwar nicht uns, aber wir holten immer Kartoffeln da.

Meine Mutter war eine geborene Bundesbahn, das stand nämlich auf unseren Handtüchern. Mein Vater sitzt im Gefängnis, wegen seines Glaubens; er hatte geglaubt, die Stadtsparkasse gehöre ihm. Ich war nicht alle Kinder, die wir hatten. Wir waren 20 Kinder, und zwar 10 Jungs, 9 Mädchen und ein Blindgänger.

Meine Brüder heißen alle Paul, bis auf Gustav, der hieß Karl. Meine erste Schwester war sehr groß, sie ist zweimal gefallen und war dann schon am Bahnhof. Meine andere Schwester war sehr dünn, sie musste zweimal ins Zimmer kommen, damit man sie überhaupt bemerkte. Sie trägt immer einen Stock mit sich herum, um zu zeigen, dass es noch etwas Dünneres gibt als sie. Sie hat jetzt Zwillinge bekommen, die sich sehr ähnlich sehen, besonders der eine.

Da wir nur ein Bett hatten, war das Schlafengehen sehr schwierig. Wir gingen nacheinander ins Bett. Wenn einer eingeschlafen war, wurde er an die Wand gestellt. Auch das Aufstehen war sehr kompliziert. Ich stand schon mal 14 Tage an der Wand, weil man vergessen hatte, mich zum Wecken ins Bett zu legen.

Eine Uhr hatten wir keine, wenn der Eimer voll war, war es 6 Uhr. Wenn mein Vater von einer Bierpartie zurückkam, ging der Eimer zwei Stunden vor. Wir waren eine sehr intelligente Familie. Mein Bruder ist auf der Uni in Heidelberg, er steht dort im Spiritus, weil er zwei Köpfe hatte. Ein anderer Bruder ist Verwandlungskünstler, er geht mit einem alten Mantel ins Lokal und kommt mit einem neuen wieder raus. Ein anderer Bruder ist im Stadtbad angestellt als Brause – er hat einen Wasserkopf.

Unsere Familie ist sehr musikalisch. Mein Vater war Pianoträger, meine Mutter nähte auf einer Singer-Nähmaschine. Mein Bruder war Sänger, er sang immer tiefer, jetzt brummt er schon zwei Jahre. Aber am musikalischsten war mein jüngster Bruder, er ging schon bei der Geburt flöten.

Mit 6 Jahren kam ich in die Hilfsschule; was ich dort helfen sollte, ist mir heute noch nicht klar. Der Lehrer war sehr dumm und wollte immer viel wissen, ich habe ihm nichts verraten. Ich war der Liebling der Lehrer. Ich durfte jede Klasse zweimal machen. Als ich vom Lehrer gefragt wurde, was ich von den Wenden wisse, sagte ich: Da fällt der Kalk ab. Diese Antwort schien ihm zu gefallen, denn er gab mir die Hand ins Gesicht.

Brachten wir schlechte Zensuren nach Hause, gab es mit dem Klopfer. Bei guten Leistungen gab es einen Groschen in die Sparbüchse. War die Sparbüchse voll, wurde davon ein neuer Klopfer gekauft. Einmal schrieb ich einen Aufsatz über den Hund. Unserem Hund hab ich den Schwanz abgeschnitten, darüber hat sich Mutter sehr geärgert, weil sie nun nicht mehr sehen konnte, wenn der Hund sich freut.

Nach meiner Schulentlassung kam ich in ein Konsumgeschäft, aber die hatten hinter der Ladenkasse zu gut gebohnert. Ich bin da öfter ausgerutscht und mit der Hand in die Ladenkasse gefallen. Meinem Chef wurde das zu bunt, und ich bin freiwillig rausgeschmissen worden. Ich ging in ein Fotogeschäft, um mich richtig zu entwickeln: Ich konnte mich aber nicht entwickeln, weil mein Chef mich dauernd fixierte.

Schließlich wurde ich noch Lehrer. Ich wurde beim Gartenbau angestellt, um die Papierkörbe zu leeren. Ich ging mit meinem Bruder auf Wanderschaft. Mein Bruder war Pfadfinder. Leute, der hat Sachen gefunden, die andere noch gar nicht verloren hatten.

Eines Tages fanden wir ein Stück Seil, da war sogar noch eine Kuh dran, der Richter wollte aber nicht glauben, dass wir das nicht bemerkt hatten. Als Finderlohn bekamen wir ein Jahr Kost und Logis frei. Während dieser Zeit entdeckte ich meine poetische Ader und dichtete einen schönen Vers.

Schuberts Unvollendete
Fiktiver Bericht aus dem Alltag

Ein Vorstandsmitglied eines Großunternehmens hatte Konzertkarten für Schuberts »Unvollendete Symphonie« bekommen. Er war verhindert und gab die Karten seinem Fachmann für Arbeitsstudien und Personalplanung.

Am nächsten Morgen fragte das Vorstandsmitglied den Mitarbeiter, wie ihm das Konzert gefallen habe. Und anstelle einer Pauschalkritik überreichte ihm der Experte für Arbeitszeitstudien und Personalplanung ein Memorandum, in dem es hieß:

Für einen beträchtlichen Zeitraum hatten die vier Oboe-Spieler nichts zu tun. Ihr Part sollte deshalb reduziert, ihre Arbeit auf das ganze Orchester verteilt werden. Dadurch würden auf jeden Fall gewisse Arbeitszusammenballungen eliminiert werden.

Alle zwölf Geiger spielten die gleichen Noten. Das ist unnötige Doppelarbeit. Die Zahl dieser Gruppe sollte drastisch gekürzt werden. Falls wirklich ein großes Klangvolumen erforderlich sein sollte, kann dies durch elektronische Verstärker erzielt werden.

Erhebliche Arbeitskraft kostet das Spielen der Zweiunddreißigstel-Noten. Das ist eine unnötige Verfeinerung. Es wird deshalb empfohlen, alle Noten auf- beziehungsweise abzurunden. Würde man diesem Vorschlag folgen, wäre es möglich, Volontäre und andere Hilfskräfte einzusetzen.

Unnütz ist es, dass die Hörner genau jene Passagen wiederholen, die bereits von den Saiteninstrumenten gespielt wurden.

Würden alle überflüssigen Passagen gestrichen, könnte das Konzert von 25 Minuten auf 4 Minuten verkürzt werden.

Hätte Schubert sich an diese Erkenntnis gehalten, wäre er wahrscheinlich im Stande gewesen, seine Symphonie zu vollenden.

Russische Philosophie

Wenn du kommst auf Welt – hast du zwei Möglichkeiten:
  kannst werden Mann – oder kannst werden Frau.
Wenn du wirst Frau, hast du besser –
  du kannst heiraten Mann und bist versorgt.

Wenn du wirst Mann – hast du auch zwei Möglichkeiten:
Du kannst kommen in Fabrik –
  oder kannst kommen in Krieg.
Wenn du kommst in Fabrik, hast du besser.

Wenn du kommst in Krieg – hast du zwei Möglichkeiten:
Du kannst kommen auf Schreibstube –
  oder kommen an Front.
Wenn du kommst auf Schreibstube, hast du besser.

Wenn du kommst vorne an Front – hast du zwei Möglichkeiten:
Du kannst sterben – oder kannst bleiben am Leben.
Wenn du bleibst am Leben, hast du besser.

Wenn du stirbst – hast du zwei Möglichkeiten:
Du kannst kommen in Grab alleine –
  oder in Grab mit Masse.
Wenn du kommst in Grab alleine, hast du besser.

Wenn du kommst in Grab mit Masse –
  hast du zwei Möglichkeiten:
Du kannst bleiben liegen –
  oder du genommen werden raus.
Wenn du bleiben liegen, hast du besser.

Wenn du genommen werden raus –
  hast du zwei Möglichkeiten:
Du kannst kommen in Fabrik für Seife –
  oder in Fabrik für Papier.
Wenn du kommst in Fabrik für Seife, hast du besser.
Du kannst werden Parfüm für feine russische Dame.

Wenn du kommst in Fabrik für Papier –
  hast du zwei Möglichkeiten:
Du kannst werden Schreibpapier – oder Krepp-Papier.
Wenn du wirst Schreibpapier, hast du besser.

Wenn du werden Krepp-Papier –
  hast du zwei Möglichkeiten:
Du kannst kommen um Blumentopf
für feine Braut auf Hochzeit –
  oder kannst kommen auf Rolle.
Wenn du kommst um Blumentopf, hast du besser.

Wenn du kommst auf Rolle – hast du zwei Möglichkeiten:
Du kannst kommen auf Herren-Lokus –
  oder Damen-Lokus.
Wenn du kommst auf Herren-Lokus, hast du besser.

Wenn du kommst auf Damen-Lokus –
  hast du zwei Möglichkeiten:
Du kannst werden benutzt für vorne – oder für hinten.
Wenn du benutzt wirst für vorne, hast du besser.

Wenn du benutzt wirst für hinten –
  bist du in Eimer.

Als Gott die Mutter schuf

Als der liebe Gott die Mutter schuf, machte er bereits den sechsten Tag Überstunden. Da erschien der Engel und sagte: »Herr, Ihr bastelt aber lang an dieser Figur.« Der liebe Gott sagte: »Hast du die Spezifikationen auf der Bestellung gelesen? Sie muss:
Vollwaschbar sein – aber nicht aus Plastik; 180 bewegliche, austauschbare Teile haben; von Essensresten und schwarzem Kaffee leben können; einen Schoß haben, den man nicht mehr sieht, wenn sie aufsteht; einen Kuss geben können, der alles heilt, vom Beinbruch bis zum Liebeskummer, schließlich sechs Paar Hände haben.«
Da schüttelte der Engel den Kopf und sagte: »Sechs Paar Hände? Das wird kaum gehen.«
»Die Hände machen mir kein Kopfzerbrechen«, sprach der liebe Gott. »Aber die drei Paar Augen, die so eine Mutter haben muss.«
»Gehören die denn zum Standardmodell?«, fragte der Engel.
Der liebe Gott nickte: »Ein Paar, das durch geschlossene Türen blickt, während sie fragt: ›Was macht ihr Gören denn da drin?‹ Obwohl sie es doch längst weiß. Ein zweites Paar im Hinterkopf, mit dem sie sieht, was sie nicht sehen soll, aber wissen muss. Und natürlich noch dieses Paar hier vorn, aus denen sie ein Kind ansehen kann, das sich unmöglich benimmt, und die sagen: ›Ich verstehe dich, ich habe dich sehr lieb‹ – ohne dass sie ein einziges Wort spricht.«
»Oh Herr«, sagte der Engel und zupfte ihn sachte am Ärmel, »geht schlafen. Macht morgen weiter.«
»Ich kann nicht«, sprach der liebe Gott, »denn ich bin nah dran, etwas zu schaffen, das mir einigermaßen ähnelt. Ich habe bereits

geschafft, dass sie sich selber heilt, wenn sie krank ist … dass sie eine sechsköpfige Familie mit einem Pfund Gehacktem satt bekommt und einen Neunjährigen dazu bewegen kann, sich unter die Dusche zu stellen.«

Der Engel ging langsam um das Modell der Mutter herum. »Zu weich«, seufzte er.

»Aber zäh«, sagte der liebe Gott energisch. »Du glaubst gar nicht, was diese Mutter alles leisten und aushalten kann.«

»Kann sie denken?«

»Nicht nur denken, sondern sogar urteilen und Kompromisse schließen«, sagte der Schöpfer.

Schließlich beugte sich der Engel vor und fuhr mit einem Finger über die Wange des Modells. »Da ist ein Leck«, sagte er. »Ich habe Euch ja gesagt, Ihr versucht, zu viel in dieses Modell hineinzupacken.«

»Das ist kein Leck«, sagte der liebe Gott, »das ist eine Träne.«

»Wofür ist die?«

»Die fließt bei Freude, Trauer, Enttäuschung, Schmerz, Verlassenheit und Stolz.«

»Ihr seid ein Genie«, sagte der Engel.

Da blickte der liebe Gott traurig. »Die Träne«, sagte er, »ist nicht von mir.«

Erma Bombeck

Als Gott den Vater schuf

Als der liebe Gott den Vater schuf, formte er zuerst einen großen Körper. Ein weiblicher Engel, der daneben stand, sagte: »Was für eine Sorte Vater ist denn das? Wenn du die Kinder so dicht am Boden machst, weshalb wird denn der Vater so hoch? Er wird keine Murmeln schieben können, ohne hinzuknien, kein Kind ins Bett packen können, ohne sich vorzubeugen, und selbst küssen könnte er ein Kind nur, wenn er sich tief bückt.«

Gott lächelte und sagte: »Gewiss, aber wenn ich ihn gleich groß wie die Kinder mache, wie soll er sie dann schützen?«

Und als Gott die Hände des Vaters machte, waren sie groß und kräftig. Der Engel schüttelte den Kopf und sagte: »Große Hände können nicht mit Windeln und Knöpfchen oder Haarbändern umgehen – geschweige denn Splitter aus einem Finger ziehen.« Und Gott erwiderte lächelnd: »Ich weiß, aber sie sind groß genug, um alles aufzunehmen, was ein Mädchen oder ein Bub aus den Taschen holt, und doch klein genug, dass ein Kind seinen Kopf hineinbetten kann.«

Dann formte Gott lange, schlanke Beine und breite Schultern. »Ist dir klar, dass du einen Vater ohne Schoß gemacht hast?«, kicherte der Engel. Gott sagte: »Eine Mutter braucht einen Schoß: Ein Vater braucht kräftige Schultern und Arme, mit denen er einen Schlitten ziehen, ein Kind auf dem Fahrrad stützen kann oder einen müden, schweren Kopf auf dem Heimweg vom Zirkus.«

Gott war eben dabei, zwei der größten Füße zu machen, die man bis dahin je gesehen hatte, als der Engel nicht mehr an sich halten konnte. »Das ist nicht gerecht. Meinst du, so große Füße kommen rasch aus dem Bett, wenn frühmorgens das Baby schreit? Oder sie können durch eine Schar kleiner Geburtstagsgäste gehen, ohne mindestens drei zu zertreten?« Gott lächelte wieder und sagte: »Sie sind gerade richtig. Du wirst es sehen. Sie tragen ein kleines Kind, das Hoppe-Reiter machen will. Oder sie verscheuchen die Mäuse aus dem Gartenhäuschen.« Gott arbeitete die ganze Nacht hindurch. Er gab dem Vater eine feste, entschiedene Stimme; Augen, die alles sahen, aber ruhig und geduldig blickten.

Und am Ende fügte er, als sei ihm das erst jetzt eingefallen … Tränen hinzu.

Dann wandte er sich dem Engel zu und fragte: »Nun, bist du überzeugt, dass er genau so liebevoll ist wie eine Mutter?« Und der Engel war's zufrieden …

Kapitelübersicht

Du wirst das Leben weiter lieben
Das kleine »Zig« 11
Zum Geburtstag 13
Gestatte, dass an diesem Tage 17
Mensch, du wirst alt! 19
Lieber Albed! (Zum 40. Geburtstag) 23
Zum 50. Geburtstag 26
Zum 60. Geburtstag 28
Zum 70. Geburtstag 29

Heut müsst' der Himmel voller Sterne sein
Hochzeitsgedicht 33
Heut müsst' der Himmel voller Sterne sein 34
Aus dem Gerichtssaal 35
10 Gebote für junge Eheleute 37
Eheliche Wetterregeln 38
Wünsche einer Mutter an ihren Sohn 39
Wünsche eines Vaters an seine Tochter 40
Im Silberkranz 41
Heut vor fünfundzwanzig Jahren 42
Gefahrvoll ist des Lebens Fahrt (goldene Hochzeit) 43
50 Jahre zählt ihr heute (goldene Hochzeit) 46
Heute läuten Hochzeitsglocken (diamantene Hochzeit) 48
Der Myrtenkranz ist längst verblichen (diamantene Hochzeit) 50
Der 45-jährige Ehekrieg 52
Ehe-Rezept 55

A Päckle aus Amerika
Das Geschenk 59
's Päckle aus Amerika 62
Ein unglückliches Versehen 65

Was ewig weiblich
Lied der alten Schachteln 69
Der Blusenkauf 71
Der Regenschirm 74

Z'donkel net ond au net z'hell
D'r Hefakranz 79
Bibel-Kuchen 81
Rezept zum Russischen Salat 83
Etwas rund – na und?! 87
Max, das Kaninchen, und Tusnelda,
    das Suppenhühnchen 88

Doch sieht es hier so anders aus
Die Wald-Capelle 91
Der leidgeplagte Kurgast (oder: Die Pferdekur) 92
Touristengebet 94

Aus Haus und Hütten strahlt es hell
Sankt Niklas' Auszug 99
Die Döblinger Weihnachtsgans 101
Die Weihnachtsmaus 104

Kennst du die Schwaben –
    Texte und Lieder zum Mitmachen
Der Kutscher 109
Das Lied vom Bett 112

~ 154 ~

Ein bisschen Joghurt, ein bißchen Kleie 114
A bissle Mehl (Spätzlelied) 116

Ich eröffne die Verhandlung – Sketche
Die Gerichtsverhandlung 121
Das Theologie-Examen (Schwank) 125
Das musikalische Verhör 130
Die Schwerhörigen 132
Hutmodenschau 136
Meine Schwester und ich –
    Souvenir aus dem Krankenhaus 140
Aus meinem Leben 142
Schuberts Unvollendete 145
Russische Philosophie 146
Als Gott die Mutter schuf 148
Als Gott den Vater schuf 150

Verzeichnis der Gedicht- und Textanfänge

Als der liebe Gott die Mutter schuf 148
Als der liebe Gott den Vater schuf 150
Das kleine »Zig« ist recht fatal 11
Der Myrtenkranz ist längst verblichen 50
Der Wecker klingelt – wie zu Haus 92
Die ... erwartet heute ein Aufsehen erregendes Urteil 35
Die Frau Geheimrätin möchte ihren Urlaub 91
Die Königin sagte zum König 109
Die Weihnachtsmaus ist sonderbar 104
D'Muatter lässt am Freitich Obend 79
Drei Pfund Rindfleisch hackt man klein 83
Du, Inge, was meinst du 74
Durch das Versehen 65
Eigentlich wollte ich heute 142
Ein Geschenk haben wir dir heute mitgebracht 59
Ein Vorstandsmitglied eines Großunternehmens 145
Einmal in der Woche geh'n wir aus dem Haus 114
Es lichtet auf dem Haupte das Geflecht sich 28
Folgt ein Mann hübsch seiner Frau 38
Fünfundzwanzig Jahre zogen hin 41
Fünfzig Jahre zählt ihr heute 46
Gefahrvoll ist des Lebens Fahrt 43
Gestatte, dass an diesem Tage 17
Heut müsst' der Himmel voller Sterne sein 34
Heut vor fünfundzwanzig Jahren 42
Heute läuten Hochzeitsglocken 48
Himmlischer Vater, sieh herab auf uns 94
Ich war schon immer ein bisschen dick 87

Ich wünsche dir eine Frau 39
Ich wünsche dir einen Mann 40
Ihr Leut', ihr Leut' 62
Ihr Name – wie war gleich der Name? 19
Ihr sollt stets eins sein 37
Im Allgemeinen pflege ich nicht 101
Jetzt ist es geschehen 33
Kennst du die Schwaben an ihrem Gesicht? 116
Komm einmal her, du alter Tropf 52
Man nennt mich die Chefin des Salon Madeleine 136
Ohne Schlaf wäre das Leben nicht komplett 112
Professor: Herein! 125
Richter: Ich eröffne die Verhandlung 121
Richter: Sie sind angeklagt 130
Sankt Niklas zieht den Schlafrock aus 99
Siebzig Jahre tapfer leben 29
So, jetzt nehmen wir 140
Was eine Frau zum Frühstück isst 88
Was wir vor dreißig Jahr'n 69
Wenn du kommst auf Welt 146
Wenn Frau'n was kaufen 71
Wer hinter das Geheimnis 81
Wie ein Ruf aus Donnerhall 13
Wie lieblich heut die Vöglein singen 132
Wir wünschen zum Geburstagsfeste 26
Zu deim 40ger Wiegafescht 23
Zutaten: 500 g Liebe 55

Quellen

Als Gott die Mutter schuf (S. 148),
Erma Bombeck, aus: Geschichten aus dem Wäschekorb

Die Weihnachtsmaus (S. 104),
James Krüss,
© Verlag Friedrich Oetinger, Hamburg

Heut vor fünfundzwanzig Jahren (S. 42),
aus: Hans-Jürgen Winkler, Kindergedichte zur grünen, silbernen
und goldenen Hochzeit,
© Falken Verlag GmbH & Co. KG, Niedernhausen/Taunus
(Band 318)

Im Silberkranz (S. 41),
aus: Julius Roessle (Hrsg.): Wir gratulieren.
Christliche Verlagsanstalt (Konstanzer Taschenbuch Nr. 28),
Konstanz

Rezept zum Russischen Salat (S. 83),
Karl Valentin, aus: Gesammelte Werke in einem Band
© Piper Verlag GmbH, München 1985

Für einige wenige Quellen konnte der Verlag bis zum Zeitpunkt
der Drucklegung den gegenwärtigen Rechteinhaber nicht
ermitteln. Herausgeber und Verlag haben diese Texte dennoch
aufgenommen, da sie für die Auswahl wesentlich erscheinen.
Berechtigte Ansprüche werden selbstverständlich im Rahmen
der üblichen Vereinbarungen abgegolten.

Wolfgang Walker
Die Welt ist voller Regenbogen
Gedichte von früher – wiederentdeckt in UAwg. Eine Auswahl besonders beliebter und gefragter Gedichte aus der SDR-Sendung »UAwg« –
vom Kindervers bis zu gereimten Hochzeitswünschen. 180 Seiten.

Wolfgang Walker
Du, Mutter, wenn ich größer bin
Gedichte von früher – wiederentdeckt in UAwg. Gedichte für jeden Tag
und alle Lebenslagen, gesucht und gefunden in der bekannten SDR-Sendung »UAwg«. 160 Seiten.

Wolfgang Walker
Schneiderfleck und Apfelspatzen
Die beliebtesten »süßen« Rezepte aus UAwg. Mit einigen Zeichnungen
von Sybille von Werder. Bewährtes aus Großmutters Küche, Einfaches
und aus der Kindheit Wohlbekanntes: gesucht und gefunden in der
SDR-Sendung »UAwg«. 140 Seiten.

Wolfgang Walker
Vom großen Glück, noch klein zu sein
Gedichte und Texte von früher und heute – entdeckt in UAwg. Gesucht
und gefunden: Witzig-Verschmitztes, Rührseliges, Schwüre der Liebe
und Treue, Nachdenkliches und Lebensweisheiten, Lustiges aus Kin-
dermund, Parodierendes und Sketche. 180 Seiten.

Wolfgang Walker
»Hoch sollen sie leben…«!
Reden, Sketche, Gedichte und anderes für besondere Anlässe. Ob dan-
kende Worte zum Muttertag, Glückwünsche zur Hochzeit – in diesem
Buch stellt Wolfgang Walker eine Auswahl der besonders beliebten
Gedichte und Texte vor. 160 Seiten.

Schwäbisch vom Blatt
für Schwaben und andere. Schwäbische Wörter und Sprüch´, gesam-
melt von G. Widmann, dazu 35 typische Koch- und Backrezepte.
320 Seiten.

Lauter Frauen
... aufgespürt in Baden-Württemberg. 47 Porträts. Das Begleitbuch zur
großen Frauen-Porträt-Serie im SWR. Porträts u.a. von Karola Bloch,
Elli Heuss-Knapp, Clara Zetkin, Felicia Langer, Maren Kroymann u.v.a.
195 Seiten mit 100 Abbildungen.

Karl Napf
Heuhofen ist überall
Knitze Geschichten von Land und Leuten. Karl Napfs Feder ist spitzer
geworden, andererseits sieht er die »Menschen in Heuhofen« mit tiefem
Verständnis und tritt allenfalls nach oben, zu den »Großkopfeten«.
160 Seiten.

Wolf-Henning Petershagen
Die Wahrheit über Deppenhausen
Kuriose Ortsnamen in Baden-Württemberg. Der Band greift solche Namen
auf und erklärt sie unterhaltsam, aber fundiert nach dem neuesten Stand
der Ortsnamenkunde. Mit Zeichnungen von S. Buchegger. 160 Seiten.

Wolf-Henning Petershagen
Maier, Jauch & Eisele
Was steckt hinter den Familiennamen? Das Begleitbuch zur erfolgrei-
chen Serie der Südwest Presse, in denen rund 1300 Familiennamen von
Abele bis Züblin behandelt und erklärt werden. Die unterhaltsam
geschriebenen Kapitel erklären nicht nur den Sinn der Namen, sondern
auch ihren historischen und sozialen Hintergrund. Mit Illustrationen
von S. Buchegger. 160 Seiten.

Museen in Baden-Württemberg
Umfassend, kompetent und attraktiv ist dieser unentbehrliche Begleiter:
1043 Museen von A bis Z. Mit farbiger Übersichtskarte, Öffnungszei-
ten, kurzem Überblick zu den Sammlungen, Eintrittspreisen u.v.m.
480 Seiten mit 400 farbigen Abbildungen.

Wolfgang Alber/Eckart Frahm/Manfred Waßner
Baden-Württemberg
Kultur und Geschichte in Bildern. Die Autoren präsentieren neben ein-
drucksvollen Zeugnissen einer hochstehenden Kultur bewusst auch die
Alltagsgeschichte der kleinen Leute. So entsteht ein anschaulicher Über-
blick von der Steinzeit bis zur Gegenwart. 160 Seiten mit 200 farbigen
Abbildungen.

THEISS